EL ARTE DE LA GUERRA

SUN ZI

El arte de la guerra

Mestas
ediciones

CLÁSICOS UNIVERSALES

EDICIÓN ÍNTEGRA

Título original: *Sunzi Bigfa* [500 años antes de nuestra era]

© Traducción: Luis Domínguez Loya

© Introducción: Coronel Gustavo E. Brozia

© De la colección: Proyectos Ánfora, S. L., 2008

© De esta edición: JORGE A. MESTAS, Ediciones Escolares, S. L.

Avenida de Guadalix, 103

28120 Algete (Madrid)

Tel. 91 886 43 80

Fax: 91 886 47 19

E-mail: jamestas@arrakis.es

www.mestasediciones.com

ISBN: 978-84-95994-83-7

Depósito legal: M-42.951-2010

Impreso en España por: Gráficas Rógar, S.A.

Pol. Industrial Alparrache, C/ Mina del cotorro.

28600 Navalcarnero - Madrid

Printed in Spain - Impreso en España

Primera edición: agosto, 2008.

Segunda edición: octubre, 2010.

CIENCIA MILITAR
EN LA ANTIGUA CHINA

Con una historia registrada de más de 4.000 años, China figura entre los países con más temprana civilización del mundo.

El "Homo yuanmounensis", fósil de hombre mono descubierto en Yuanmou, provincia de Yunnan, data de 1.700.000 años, y es el homínido más primitivo conocido dentro del territorio chino. El "Homo pekinensis", que vivía en la región de Zhoukoudian, en Beijing, hace 600.000 años, podía caminar erguido, fabricar y usar instrumentos sencillos y emplear el fuego. En diversos lugares del país se han hallado ruinas de la edad neolítica con unos 10.000 años de antigüedad. En las ruinas de Hemudu, en la provincia de Zhejiang y de Banpo, en la ciudad de Xi'an, cuyos orígenes se remontan a cerca de 7.000 años, se descubrieron arroz y otros granos cultivados y aperos agrícolas.

Xia, la dinastía más antigua, se inició en el año 2.070 a. C. El centro de la dinastía se ubicaba en la actual región del oeste de la provincia de Henan y el sur de la provincia de Shanxi. Sus fuerzas e influencia se extendían hasta las orillas del río Amarillo. La dinastía estaba en los umbrales de la sociedad esclavista. Después de ella, prosperaron sucesivamente la dinastía Shang y la de Zhou del Oeste, en las cuales se desarrolló la esclavitud. Después, siguieron el Período de Primavera y Otoño y el Período de los Reinos Combatientes, durante los cuales el poder de la Corte Real fue debilitándose, y los diversos Reinos luchaban entre sí procurando la hegemonía.

Estos períodos se consideran como una etapa de transición de la sociedad esclavista a la feudal.

Cerca de 5.000 años atrás, los chinos ya conocían la tecnología de la fundición del cobre; unos 3.000 años atrás, en la dinastía Shang, se utilizaron instrumentos de hierro; ya se producían cerámicas blancas y coloreadas; la textilería de seda tuvo un relativo desarrollo y surgió la técnica de seda *jacquard,* la más temprana del mundo; durante el Período de Primavera y Otoño, apareció la tecnología del acero; en los Períodos de Primavera y Otoño y de los Reinos Combatientes hubo un gran desarrollo académico, sin precedentes, y surgieron grandes filósofos como Lao Zi, Confucio, Mencio y el científico militar Sun Zi, quienes ejercieron una profunda influencia sobre el devenir histórico posterior.

Nosotros nos vamos a referir concretamente a Sun Zi y su obra *El arte de la guerra*.

Como todo personaje superior, tuvo sus detractores, quienes negaron su existencia. Yo considero que ha sido suficientemente demostrado que no es cierto, por lo que no voy a hacer más referencias sobre esta posición.

Este libro, según el registro de la *Memoria histórica y la Crónica de la dinastía Han*, fue escrito en tres rollos divididos en 13 capítulos. Al referirnos a rollos es porque en esa época aún no se había inventado el papel y los escritos se hacían con tinta de hollín sobre trozos de bambú o sobre delgadas y estrechas láminas de madera. Estas láminas medían entre 20 y 25 cm de largo por 1,5 cm de ancho y tenían perforaciones o muescas en sus extremos, que permitían unirlas mediante tiras de cuero, seda o cáñamo. Se podían escribir de 12 a 15 caracteres en cada una de acuerdo a la caligrafía del autor. La versión original tenía 6.109 caracteres y la que contiene *Lecciones anotadas* (comentarios a los versos de Sun Zi por el crítico Shi Tzu Mei) algo más de 13.000.

Esta obra, ya conocida a fines del siglo IV a. C., comenzó a circular y a extenderse. Encontramos menciones a ella en autores de los siglos III y II a. C. Luego de producida la unificación de China en el 221 a. C., sobrevive a la quema de libros considerados perniciosos por los Consejeros legales del emperador.

En el año 81 a. C., en la transcripción de las discusiones sobre la reforma del aparato estatal, se cita directamente *El arte de la guerra* y se parafrasean varios de sus versos. Encontramos más referencias en los siglos II, III y IV. En la dinastía Liang (502-556) aparecieron ediciones para su estudio. En la dinastía Tang (618-905) es incluida en una descomunal enciclopedia (el *T'ung T'ien*). El interés creció en la dinastía Song (960-1279), y fue incluida en el *T'ai P'ing Yu Lan*. En esta época hay numerosos comentarios de diversos autores, que fueron seleccionados principalmente por Chi Tien Pao, siendo titulada la edición como "Escuela diez". Esta edición fue añadida posteriormente al "Canon taoísta".

El principal impulso al estudio de *El arte de la guerra* de Sun Zi en esta época se debió a un edicto del emperador Shang Tung (1068-1085), que designaba por su nombre a varios "Clásicos m500ilitares" y los decretó textos obligatorios para quienes aspiraran a las altas jerarquías del Ejército. El primer director de la Academia Militar del imperio, Ho Chu Fei, eligió como texto básico, la edición de *El arte de la guerra* de Sun Zi con *Lecciones anotadas,* mencionadas anteriormente.

Por supuesto que el interés por esta obra que comentamos en China ha permanecido y se ha incrementado, habiéndose creado la Asociación del Estudio de "El arte de la guerra de Sun Zi" y ha trascendido fronteras, siendo conocida y estudiada actualmente en casi todos los países del mundo. Dentro de ese marco académico, se han realizado varios seminarios internacionales en Beijing y en la provincia de Shandong, con la participación de destacados especialistas y eruditos chinos y de diversos países.

En esta obra, que es la exposición de los métodos del autor sobre el empleo de las fuerzas militares para hacer la guerra, encontramos que los principios y conceptos militares, en ella vertidos hace 2.500 años, son de gran actualidad y valor práctico e incluso tienen su aplicación en otras áreas como: comercio, competencias deportivas, administración de empresas etc.

¿Quién fue Sun Zi? Su bisabuelo Qin Wan era del reino Qin,

del cual escapó al reino Qi por los disturbios internos y entró al servicio del rey de Qi ,destacándose en sus tareas, cambiando su apellido, llamándose Tian Wan. Su abuelo Tian Shu fue ministro del reino Qi. Por sus hazañas en la conquista del reino de Ju, el rey le confirió el apellido Sun. Su padre Sun Ping también fue un funcionario importante del reino Qi. Sun Wu, su nombre inicial, nació en Lean, del reino Qi (hoy ese lugar corresponde al distrito Huimin, provincia de Shandong, donde ha sido reconstruida su casa natal, que funciona como Museo), creció en una familia de aristócratas herederos, y sus antecesores eran expertos en asuntos militares. Desde la infancia tuvo conocimiento de todo lo relacionado con los hombres y medios empleados en las fuerzas militares. El reino de Qi era en ese tiempo un centro político, económico y cultural de China y un lugar donde crecieron muchas personalidades de élite. Este ambiente social ofreció muchas facilidades al joven Sun Wu para que estudiara los asuntos militares, lo que, sumado a su talento natural, hizo posible la elaboración de su doctrina de empleo de las fuerzas armadas.

Como consecuencia de disturbios internos, ahora en el reino Qi, huyó al reino Wu (hoy ese lugar es el sur de la provincia de Jiangsu), donde hizo llegar su obra *El arte de la guerra* a Helu, rey de Wu ,quien, luego de leer la obra, le concedió una audiencia y, para probar si el método era bueno, le ordenó hacer una demostración sobre la dirección de movimiento de tropas con 180 mujeres. Sun Wu las dividió en dos compañías y puso a las dos concubinas favoritas del rey al mando de cada una. Las instruyó sobre movimientos simples con alabardas (derecha, izquierda, atrás y al frente). Las mujeres dijeron: «Hemos entendido».

Una vez enunciadas esas reglas, se aprestaron las armas del verdugo, haciendo ver que no era broma. Entonces, Sun Wu repitió las órdenes 3 veces y las explicó 5 veces, tras lo cual dio al tambor la orden de «Frente derecha». Las mujeres estallaron en carcajadas.

Sun Wu dijo: «Si las reglas no son claras y las órdenes no han sido bien explicadas, la falta es del comandante». Entonces repitió las órdenes 3 veces y las explicó 5 veces y el tambor dio la señal de marchar a la izquierda. Las mujeres, nuevamente, prorrumpieron en carcajadas. Sun Wu dijo: «Si las reglas no son claras y las órdenes no han sido bien explicadas, la falta es del comandante. Pero, cuando han sido impartidas claramente y no obedecidas con arreglo a la ley militar, el crimen es de los oficiales». Entonces ordenó que las jefas de cada fila fueran decapitadas como ejemplo. Luego designó en su lugar a las dos que las seguían como jefas de las compañías.

A continuación repitió las señales con el tambor y las mujeres marcharon hacia la izquierda, la derecha, al frente, atrás, se arrodillaron y se levantaron en riguroso cumplimiento del ejercicio prescrito. No osaron hacer el menor ruido.

El rey Helu apreció entonces la capacidad de Sun Wu como comandante y llegado el momento fue designado general. A partir de ese momento, junto al general Wu Zixu, condujeron las operaciones militares del reino de Wu, lograron la victoria en la guerra de Baiju y derrotaron al poderoso reino de Chu en el oeste, amenazando con la fuerza en el norte a los reinos de Qi y Jin y sometiendo al reino de Yue en el sur.

El aporte de Sun Wu fue fundamental y desde entonces fue conocido como Sun Zi.

Cómo era la guerra en tiempos de Sun Zi

Hasta el año 500 a. C., la guerra en cierto sentido era algo ritual. Había un código aceptado generalmente por todos, en que las hostilidades estaban prohibidas durante los meses de siembra y de cosecha, tampoco se peleaba en invierno por el frío y en verano por el calor. En combate estaba vedado golpear a los viejos o herir nuevamente a un enemigo. Un buen gobernante no organizaba "matanzas en las ciudades", ni "emboscadas a los ejércitos" ni "mantenía el ejército en armas" fuera de los períodos establecidos. Tampoco apelaba a trampas o a tomar ventajas de mala fe sobre su adversario, por ejemplo, el duque Xiang de Sung en el año 638 a. C., al coronar una altura, conduciendo sus tropas contra un reino vecino, sorprende a su enemigo cruzando un río, el ministro que lo acompañaba le sugiere atacar y el duque ni siquiera le contesta. Cuando el enemigo terminó de cruzar, pero aún no había formado sus cuadros de combate, el ministro le pide nuevamente atacar y el duque le contesta que «El sabio no aplasta al débil ni ataca a un enemigo que no está dispuesto para la lucha». Como ustedes estarán pensando, cuando estuvo todo dispuesto, el duque fue herido, sus tropas derrotadas y dispersadas por la región.

Mao Ze Dong lo cita: «nosotros no somos el duque de Sung».

Los ejércitos eran comandados por el gobernante en persona o algún ministro de Estado facultado para ello. Los comandantes de las distintas columnas eran miembros de la aristocracia hereditaria; el rango de cada uno en la jerarquía militar reflejaba su condición en la sociedad, y la estructura de la misma impedía que surgiesen militares competentes, a no ser que fuesen nobles. El papel principal en los combates estaba reservado a los carros de 4 caballos, integrados por el conductor, un lancero y un arquero nobles. Los infantes eran los labriegos y siervos aportados por el comandante noble y se agrupaban en torno a los carros, siendo su armamento lanzas, dagas y espadas cortas, y su vestimenta, chaquetas acolchadas. Evidentemente, el terreno adecuado para los carros determinaba y restringía las formaciones de combate. Las batallas eran encuentros confusos, en que ambos bandos acampaban frente a frente durante varios días mientras se hacían sacrificios propiciatorios hasta que los adivinos señalaban el momento auspicioso, y entonces se arrojaban sobre el contrario, decidiéndose la situación rápidamente: o eran rechazados y se retiraban, o se abrían paso a través de la defensa, mataban a quienes oponían resistencia, perseguían durante dos *li* (725 m) a los que huían, recogían todo lo que tenía valor y volvían a su campo o a su ciudad. La victoria no era explotada, eran operaciones limitadas para lograr objetivos limitados.

Cuando aparece Sun Zi en escena, esta sociedad estaba en

sus últimas etapas de desintegración, siendo paulatinamente reemplazada por otra totalmente distinta, que ofrecía muchas más posibilidades para el talento individual.

Como el sistema de reclutar tropas era ineficaz e inseguro, los grandes reinos comenzaron a formar ejércitos permanentes, dirigidos por militares profesionales. Los nuevos ejércitos estaban integrados por tropas disciplinadas y bien entrenadas y por reclutas de 16 a 60 años de edad. Las tropas profesionales formaban la vanguardia, y eran seleccionadas especialmente por su coraje, destreza, disciplina y lealtad. Los reclutas provenían de los campesinos, cuya conscripción se realizaba a razón de uno por cada grupo de 8 familias, de manera de no afectar seriamente la actividad productiva. Es en esta época en que aparece el concepto del "Estado Mayor", el cual estaba conformado por numerosos especialistas: meteorólogos, cartógrafos, oficiales de intendencia e ingenieros, expertos en cruce de ríos, en inundaciones, ataques con fuego y uso del humo. También aparecen los códigos militares de disciplina, que comprendían desde el general al último de los soldados, que, aunque muy severos, impedían la aplicación de castigos crueles o arbitrarios; con esto, a su vez, surge la doctrina de la responsabilidad colectiva en la batalla. Es importante destacar que también encontramos los movimientos de fuerzas con precisos cálculos de tiempo y espacio, lo que, sumado a los progresos tecnológicos, hizo revolucionar el arte bélico en la antigua China. Si bien el arco reflejo compuesto, conocido como "arco tártaro", que venía usándose desde la dinastía Zhou, era muy superior al arco de una sola duela que se usaba en occidente, es la ballesta, invento chino de principios del siglo IV a. C., lo que le confiere al ejército un arma de trayectoria precisa, gran seguridad y tremendo poder ofensivo. Posiblemente, con la habilidad que fueron adquiriendo los ballesteros con el transcurso del tiempo, hayan terminado por hacer ineficaces los carros de 4 caballos. También la tecnología aportó armas cortantes de alta calidad, capaces de adquirir y conservar el filo, así como diversos tipos de aparatos para el asalto de ciudades amuralladas, e implementos protectores para guarnecer a los zapadores que perforaban túneles.

Los ejércitos que conocía Sun Zi, entonces, estaban integrados por elementos equipados con yelmo y armadura, y eran: hombres de espada, arqueros, lanceros, ballesteros y carros de 4 caballos. La caballería como arma no aparece hasta el año 320 a. C., pero se utilizaba a jinetes (sin monturas ni estribos) como observadores y mensajeros.

Así, unos decenios antes del comienzo del siglo IV a. C., la guerra en China había alcanzado su madurez; una forma que, excepto a lo que atañe al empleo de la caballería, no habría de sufrir cambios importantes durante muchos siglos, diríamos que hasta nuestros días. (En esa época los chinos poseían las armas mas avanzadas, y eran maestros en tácticas ofensivas y defensivas así como en técnicas con las que habrían podido plantear a Alejandro problemas mucho más graves que los que le plantearon los griegos, los persas o los indios.)

Es entonces, con este panorama, cuando nos referiremos en forma, yo diría más que sucinta, al contenido de los 13 capítulos de *El arte de la guerra* de Sun Zi.

I. VALORACIÓN

Es en el comienzo de la obra, donde por primera vez en la historia, se reconoce que la lucha armada no es un capricho o un desvarío transitorio, sino un acto consciente y repetido, susceptible de un análisis racional. Básicamente trata tres importantes problemas:

1. La guerra es asunto de vital importancia para la supervivencia y la extinción del Estado, por eso es necesario estudiarlo minuciosamente.

2. El desenlace de la guerra está determinado por aspectos fundamentales que son: el *dao,* el clima, el terreno, el mando y la doctrina. Se deben conocer perfectamente y hacer la com-

paración entre ambas partes, en siete condiciones: 1) ¿Qué soberano tiene el mayor *dao*? 2) ¿Quién es más hábil? 3) ¿Para qué ejército los elementos naturales y el terreno constituyen una ventaja? 4) ¿Qué ejército está mejor preparado y es más disciplinado? 5) ¿Qué tropas son más fuertes? 6) ¿Qué ejército tiene los oficiales y los soldados mejor adiestrados? 7)¿En qué ejército se conceden recompensas y castigos con el método más transparente? De acuerdo al conocimiento de los factores, comparación y cálculo de las condiciones podemos prever el resultado de la guerra.

3. El principio de la guerra está basado en la astucia. Debemos dominar las artes de la simulación y el disimulo; mientras creamos apariencias para confundir y engañar al enemigo, ocultamos las verdaderas disposiciones, nuestras últimas intenciones. La astucia es la estrategia y táctica flexibles, su núcleo es atacar al enemigo no preparado en un momento inesperado.

II. Preparación

En este capítulo se explica que, para hacer la guerra, un Estado debe invertir muchos recursos en la preparación de su ejército, por lo que se debe resolver la situación lo antes posible, ya que un conflicto prolongado causa la pobreza del Estado y el cansancio del pueblo. Por eso, al recurrir a las armas, es indispensable una guerra relámpago y no es conveniente perder inútilmente el tiempo en la dilación. Si bien los principios de la guerra relámpago concuerdan con la conducción actual de la guerra, no es adecuada para países pequeños o débiles ante la invasión de una potencia ni para la guerra revolucionaria contra una tiranía. Dado que un país pequeño no tiene los medios para una guerra relámpago contra un enemigo poderoso, sólo podrá vencer mediante una guerra prolongada, en la que el desgaste lo haga el más fuerte.

III. ATAQUE

Sun Zi nos plantea que es mejor «conquistar» un país que «devastarlo», es mejor «capturar» a sus ejércitos que «exterminarlos», por lo que aquel general que pueda vencer cien veces en cien batallas no es el más hábil comandante; el más hábil será aquel que pueda rendir al enemigo sin tener que combatir. Por eso, la mejor opción es derrotar a los mandos estratégicos enemigos; la segunda, romper la alianza enemiga a través de la diplomacia; la tercera, vencer al ejército enemigo; la peor, asediar sus ciudades. Como ven, las dos primeras no implican combates, las otras sí, con un costo creciente. Cuando sea inevitable recurrir a las armas, se deberá combatir con la estrategia del triunfo absoluto, es decir, que se deben aplicar los métodos de acuerdo a los siguientes principios: cuando nuestras fuerzas sean diez veces mayores que las del enemigo, lo rodearemos; si nuestras fuerzas son cinco veces las del enemigo, lo atacaremos; en caso de que sean dos veces mayores, lo dividiremos; si tenemos fuerzas iguales, procuraremos atacarlo, si podemos; si tenemos menos fuerzas que el rival, nos atrincheraremos en baluartes; si nuestra potencia militar es más débil, evitaremos la batalla decisiva. Debemos tomar en cuenta que, si un ejército débil defiende su posición obstinadamente, se tornará cautivo del poderoso enemigo.

A continuación, anota unas circunstancias en que el soberano puede influir negativamente en las operaciones y establece las condiciones en que se puede prever la victoria. En definitiva, establece el «Conoce al enemigo como a ti mismo: Si así lo haces, incluso en medio de cien batallas nunca te encontrarás en peligro». Es una idea valiosa de este capítulo y es también un principio fundamental de toda la obra.

IV. DISPOSICIÓN

El pensamiento principal de este capítulo es: acumular las

EL ARTE DE LA GUERRA

fuerzas militares, asegurar las mismas en posiciones invulnerables, y al mismo tiempo no dejar pasar cualquier oportunidad favorable para vencer al enemigo. Las medidas para crear las condiciones, acumular fuerzas y asegurar posiciones se logran mediante: 1) Uso flexible de la ofensiva y la defensa. 2) Atacar a un enemigo fácil de vencer. 3) Vencer con una fuerza abrumadoramente superior.

V. Fuerza

La idea principal de este capítulo es poner en pleno juego las fuerzas militares, atacar de la manera más eficaz al enemigo. Sun Zi dijo: «Se ataca con la fuerza frontal, pero se vence con las fuerzas laterales. Las posibilidades de quien sabe utilizar con habilidad las fuerzas laterales son amplias e infinitas como el cielo y la tierra, e inagotables como las aguas de los grandes ríos». En cuanto a la terminología empleada "el grueso del ejército" (fuerzas frontales) podemos interpretarla como la fuerza directa o "cheng" y los comandos (fuerzas laterales) como fuerza extraordinaria o "ch'i". Entonces definimos al elemento *cheng* como el que fija y al *ch'i* como el que flanquea, o como las fuerzas de distracción y las fuerzas de decisión. Su accionar está interrelacionado y se comparan con anillos entrelazados, es decir, no se puede establecer dónde empieza uno y termina el otro, las permutaciones posibles son infinitas, el esfuerzo *cheng* puede transformarse en *ch'i* y viceversa. Así podemos definir al ataque *ch'i* como el practicado cuando se puede lograr una rápida decisión con un costo mínimo, en una zona de fisuras en la defensa enemiga. La operación *ch'i* es siempre inesperada, extraña, o no ortodoxa; la *cheng*, más evidente. Cuando Sun Zi decía que había que atacar con el *cheng* pero ganar con el *ch'i*, quería significar que los efectos de la distracción son necesarios para lograr que los golpes decisivos se puedan asestar allí donde el enemigo está menos preparado y donde no los prevé. Es un error limitar la connotación de esos términos identificándolos únicamente con grupos tácticos de combate. Las operaciones *ch'i* y *cheng* se pueden lanzar también con carácter estratégico.

VI. La plenitud y el vacío

Este capítulo comienza con el principio de "trasladar al rival y no ser trasladado por el enemigo", es decir, ganar la iniciativa, evitando la pasividad, ya que la iniciativa determina en mayor grado el desenlace de la guerra. Sun Zi, además, planteó muchos métodos de ganar y mantener la iniciativa, el más importante de ellos es obligarle a mover al enemigo, conocer lo más fuerte de su dispositivo, hacerle cometer errores, llevarle a quedar en posición desventajosa, revelar su parte débil, atacarlo rápidamente en ese punto. Seleccionado el objetivo y determinada la dirección del ataque, empleamos una fuerza netamente superior, de manera que nuestro avance no puede ser bloqueado, ya que precisamente estamos atacando su punto vulnerable. Finaliza diciendo: «Recuérdate que un ejército puede compararse con un río, pues, así como el río se aleja de las alturas y se precipita hacia el valle, de la misma forma tienen que hacer las tropas: alejarse de la plenitud y alcanzar el vacío. Así como la conformación del terreno determina el curso del río, de la misma forma el enemigo determina la victoria. De la misma forma que el río no tiene un curso constante, tampoco la fuerza tiene una forma constante».

VII. Enfrentamiento

Sun Zi hace una exposición sobre el principio y métodos de explotar una situación favorable. Define que la esencia es "transformar los caminos sinuosos en caminos rectos, transformar situaciones desfavorables en favorables". El camino recto es el ataque directo y donde encontraremos mayor oposición si nos dirigimos inicialmente al grueso del enemigo, entonces debemos efectuar un rodeo por los flancos y transformar ese camino más largo, o sea sinuoso, en camino recto y atacar en lugares descuidados o en la retaguardia. Debemos conocer la intención estratégica del enemigo, estar familiarizados con la configuración del terreno, y en la disputa, a la que compara con una espada de dos filos, analizar los pro y los contra y actuar según los cambios de las circunstancias y alterar nuestra táctica conforme al principio de concentración y dispersión de las fuerzas. Finaliza estableciendo los principios que se deben dominar en el combate: 1) Unificar las órdenes y la acción de las fuerzas militares (Principio de Mando Centralizado). 2) Establece una serie de acciones y medidas destinadas a minar la fuerza moral y el espíritu de combate del enemigo (Primer ejemplo de guerra psicológica). 3) Medidas para conservar la capacidad combativa propia (Físicas y morales). 4) Establece una serie de situaciones que deben evitarse al recurrir al empleo de las fuerzas.

VIII. Variables

Este capítulo expone principalmente cómo se deben cambiar los métodos de combate según las distintas situaciones del enemigo, de nosotros, del terreno, y emplear las fuerzas con flexibilidad y rapidez. También indica que es necesaria una suficiente preparación. «No te ilusiones con que el enemigo puede no venir, sino estate preparado para enfrentarte con él. No te ilusiones con que el enemigo no te atacará, sino, más bien, haz de tal forma que seas inatacable». Por último, cierra con una advertencia: Superar cinco cualidades peligrosas: 1. Temeridad. 2. Cobardía. 3. Irascibilidad. 4. Excesiva honorabilidad. 5. Excesiva compasión. «Estos cincos rasgos del carácter para un general son defectos, y, para las operaciones militares, catástrofes. La ruina del ejército y la muerte del general son el resultado de estos defectos. Piénsalo bien.»

IX. Desplazamientos

En este capítulo se tratan los principios que deben observar las tropas en la marcha, acantonamiento y operaciones en diferentes circunstancias geográficas (4 tipos de terreno y 6 tipos de lugares inseguros). Luego narra 32 experiencias de explorar y apreciar la situación enemiga ya sea por características del entorno o por la acción enemiga. En la guerra, la ventaja de la fuerza militar no garantiza la victoria; el general no debe subestimar al enemigo ni avanzar temerariamente sin importarle la posición enemiga y el terreno, sino que debe apreciar rápidamente la situación enemiga, concentrar sus propias fuerzas y atacar. Finalmente plantea que sólo se podrá garantizar una victoria segura unificando el espíritu de los soldados con humanidad y simpatía y al mismo tiempo su acción con disciplina de hierro.

X. El terreno

Este capítulo se detiene principalmente en la importancia de la configuración del terreno para las operaciones militares, el análisis del carácter de diversos tipos de terreno y su influencia sobre las operaciones. Sun Zi clasificó 6 tipos diferentes de terreno y previó qué tipo de acciones se pueden realizar en cada uno de ellos y dijo: investigar con el máximo cuidado estos principios es la responsabilidad significativa del general. Indica a continuación que, desde el punto de vista militar, existen 6 situaciones que indefectiblemente conducen a un ejército al fracaso, que son: amontonarse, titubear, desunirse, dispersarse, estar en el caos, sentirse derrotado. Las mismas se producen respectivamente por faltas de: estrategia, administración, instrucción, control, decisión y comando inadecuado. Luego de algunas consideraciones sobre el comportamiento del general y de los oficiales con los soldados, indica nuevamente: «Conoce al enemigo y conócete a ti mismo: tu victoria no será arriesgada. Conoce el terreno y el cielo: tu victoria será total».

XI. El territorio

Este capítulo clasifica en el nivel estratégico nueve tipos de zonas de operaciones, ya sea en el territorio propio o en el del enemigo, y plantea que se debe dominar el empleo flexible de las fuerzas adaptado a las diversas zonas. A su vez, sacar partido de la elevada moral y el estado psicológico favorable de los soldados al penetrar en territorio enemigo, destacando el asalto estratégico. Dijo Sun Zi: «Apodérate de algo que le resulta muy querido a tu enemigo, y él se doblegará a tus deseos. La esencia de la guerra es la celeridad. Hay que aprovecharse de que el enemigo no esté preparado, surgiendo de caminos imprevistos y atacando donde no haya tomado precauciones».

XII. Fuego

En este capítulo habla sobre el empleo del fuego y también del uso del agua como elementos de apoyo a las operaciones militares disponibles en la antigüedad, que generaban grandes desastres y finaliza reflexionando sobre el dicho: «Los soberanos iluminados deciden la guerra, y los buenos generales realizan los planes». Establece a continuación tres principios básicos sobre la guerra: 1. No entrar en combate, si no se está seguro de la victoria. 2. Si no se está en peligro, no combatir. 3. No desplegar la ofensiva, quedándose en peligro.

No se debe lanzar una guerra por una irritación o resentimiento momentáneo, porque, pasado el momento, el hombre puede tornarse alegre y contento, pero un Estado subyugado no puede ser reconstruido ni el muerto resucitar. Como consecuencia, con respecto a la guerra, el sabio soberano debe tomar una actitud muy prudente y el buen general debe elevar su vigilancia. Solo así, el reino estará seguro y el ejército libre de peligro.

XIII. Los espías

Sun Zi dijo: «Pues, efectivamente, lo que permite a un príncipe inteligente y a un general hábil someter al enemigo y conseguir resultados extraordinarios es la capacidad de previsión. Pero la "capacidad de previsión" no es un don divino, ni se consigue interrogando a espíritus y fantasmas, ni con razonamientos o conjeturas. Se obtiene empleando a hombres que nos informan sobre la situación del enemigo.»

Clasifica a 5 tipos de espías: "local", se recluta en territorio enemigo; "infiltrado", se recluta entre los funcionarios del enemigo; "doble", espía enemigo reclutado por nosotros; "sacrificado", espía nuestro que difunde informaciones falsas entre los espías enemigos, y "sobrevivido", el que consigue volver para atrás con información del enemigo. Se debe recurrir a los 5 tipos de espías simultáneamente, de manera que el enemigo no pueda saber en la forma que los empleamos. A su vez, si los planes relativos al uso del espionaje son revelados antes de ponerse en práctica, los espías y aquellos que hayan conocido los planes deberán ser ejecutados. Recalca la estrecha relación del general con sus espías y la importancia del espía "convertido", o sea, el agente doble, como también la contrainformación para detectar los espías enemigos en nuestras filas. Finaliza expresando: «En la guerra, las operaciones secretas son esenciales: para iniciar un movimiento hay que conocer esas operaciones secretas». Luego de esta apretada síntesis, podemos apreciar que Sun Zi en primera instancia procuraba vencer mediante el accionar político y diplomático, de manera de anular la voluntad de resistir del enemigo. Solamente, cuando no se lo podía vencer por estos medios, quedaba el recurso de la fuerza armada, la cual debía utilizarse, previa reflexión, de modo tal que la victoria se obtuviera en el más breve tiempo posible, con el menor gasto de vidas y recursos, e infligiendo al enemigo la menor cantidad de bajas y la menor destrucción de sus bienes.

Del análisis de las operaciones detalladas en los distintos capítulos, encontramos muchos principios y conceptos que aplicamos hoy día: Apreciación de situación, guerra psicológica, servicios de información y contrainformación, principios de iniciativa, flexibilidad, ofensiva, concentración, explotación de situación favorable, encubrimiento, coordinación, fortalezas y debilidades, mando centralizado, etc.

Y es así, que la voz de Sun Zi, por la justeza de sus apreciaciones y por la claridad de sus conceptos, sigue resonando a través del tiempo.

Coronel GUSTAVO E. BROZIA
Conferencia pronunciada
en el Ateneo de Montevideo (Uruguay)
el día 25 de noviembre de 2005

I

VALORACIÓN

El Maestro Sun dijo:

La guerra es el asunto más importante para el Estado. En el campo de batalla se decide la vida o la muerte de las naciones; allí se traza el camino de la supervivencia o de la aniquilación. Por este motivo hay que estudiarla a fondo.

Y por esto hay que tener en cuenta los aspectos fundamentales de la misma, y analizarlos mediante los siete criterios de valoración. Y, de esta manera, podrás definir tu estrategia.

El primero de los aspectos fundamentales es el *dao*[1]; el segundo, el clima; el tercero, el terreno; el cuarto, el mando; y el quinto, la doctrina.

---

[1] "Virtud", no en su acepción ética, sino en el sentido político: conjunto de instituciones que condicionan las costumbres de una nación y le proporcionan su fuerza moral.

Con el término *dao* entiendo todo lo que induce al pueblo a estar en armonía con sus jefes, para la vida y para la muerte, desafiando el peligro externo.

Con el término clima entiendo la acción que comprende las fuerzas naturales: el frío en invierno, el calor en verano y la necesidad de realizar las operaciones en armonía con las estaciones.

Con el término terreno entiendo las distancias, y si el terreno que hay que recorrer es fácil o arduo, si es amplio o estrecho, y las eventualidades de supervivencia o de muerte que ofrece.

Con el término mando entiendo las cualidades de conocimiento, rectitud, humanidad, resolución y severidad del general.

Con el término doctrina militar entiendo la organización y el control, la nómina de oficiales adecuados a su grado, o sea, la jerarquía, y la gestión de los medios de subsistencia necesarios para el ejército, o sea, la logística.

No puede alguien ser general, si no conoce los cinco aspectos fundamentales. Quien los domina vencerá; quien no les hace caso será aniquilado.

Por este motivo, antes de poner en práctica cualquier plan, examina los cinco aspectos fundamentales, sopesándolos muy atentamente.

Para valorar la situación, tienes que saber contestar a estas preguntas:

¿Qué soberano posee el mayor *dao?* ¿Qué general es más hábil? ¿Para qué ejército los elementos naturales y el terreno constituyen una ventaja? ¿Qué ejército está mejor preparado y es más disciplinado? ¿Qué tropas son más fuertes? ¿Qué ejército tiene los oficiales y los soldados mejor adiestrados? ¿En qué ejército se conceden recompensas y castigos de la forma más transparente?

Si sabes esto, podrás prever quién saldrá victorioso y quién derrotado.

Asegúrate los servicios de un general que sepa aplicar íntegramente las concepciones estratégicas que te indico, porque éste tendrá la victoria en su mano. Sin embargo, destituye al general que se niega a hacerlo: será derrotado con toda seguridad.

Después de haber analizado la situación para comprender las ventajas, el general debe crear las circunstancias que contribuyan a realizar sus objetivos, desplegando las tropas de la forma más oportuna.

Con la expresión crear las circunstancias entiendo que debe actuar rápidamente según lo que es más ventajoso y asumir el control de la operación militar en su conjunto, organizando los movimientos tácticos adecuados.

Fundamental de todas las reglas es la estrategia.

Por lo tanto, si eres capaz, finge incapacidad; si eres activo, finge inactividad.

Si quieres atacar en un punto cercano, simula que tienes que emprender una larga marcha; si quieres atacar en un punto alejado, simula que has llegado a tu objetivo.

Ofrece al enemigo un señuelo para que se acerque; finge que hay desorden entre tus tropas, y atácalo.

Cuando ves que el enemigo está dispuesto, prepárate para enfrentarte con él; pero evítalo en los puntos donde sea fuerte.

Irrita a su general y desoriéntalo.

Simula inferioridad y alienta la arrogancia.

Mantenlo bajo presión y desgástalo.

Si el enemigo está unido, divídelo.

El secreto para crear divisiones internas está en el arte de suscitar las cinco divergencias siguientes: disensiones entre los ciudadanos de las ciudades y de los pueblos; disensiones con otros países; disensiones en el interior; disensiones que tienen como consecuencia la condena a muerte, y disensiones cuyas consecuencias son los premios y las recompensas. Estas cinco especies de disensiones no son más que ramas de un mismo tronco.

Llamo disensión en las ciudades y pueblos a lo que nos indica cómo separar del partido enemigo los habitantes que están bajo su dominio, y hacerles amigos, de forma que nos podamos servir de ellos en caso de necesidad.

Llamo disensión con otros países lo que nos permite sacar partido en beneficio propio de los oficiales que sirven en el ejército enemigo.

Llamo disensiones en el interior lo que nos permiten aprovecharnos de la falta de acuerdo que se puede dar entre los aliados, entre distintos cuerpos del ejército o entre los oficiales que sirven en el ejército enemigo.

La disensión por la condena a muerte es cuando intentamos, mediante rumores tendenciosos, propalar descréditos y sospechas hasta conseguir que se sienten en un proceso ante la corte del soberano enemigo los generales a su servicio.

La disensión por el premio es la que se consigue con recompensas generosas a los que han dejado de prestar servicio a su legítimo amo y se han pasado a nuestra parte ya para luchar con nosotros ya para ofrecernos otros servicios no menos esenciales.

Ataca al enemigo por donde no esté preparado; haz salidas con las tropas cuando no se lo espere.

Estas son las claves estratégicas de la victoria.

No comentes con nadie tu despliegue ni la estrategia que pretendes adoptar.

Ahora bien, si las valoraciones del Consejo de los Sabios antes de comenzar las hostilidades indican victoria, es porque los cálculos han demostrado que la fuerza propia es superior a la del enemigo. Si, por el contrario, indican derrota, es porque la fuerza propia es inferior a la del enemigo.

Sólo valorando todo con suma precisión, se puede vencer; con malas valoraciones, se pierde. A continuación analizamos las probabilidades de victoria de quienes no hacen cálculo alguno. Con los principios que hemos enumerado, yo valoro las situaciones, y el resultado se define por sí mismo.

II

PREPARACIÓN

El Maestro Sun dijo:

Las operaciones bélicas, en general, exigen un millar de carros de combate veloces tirados por cuatro caballos, un millar de carros de transporte y cien mil soldados.

Para transportar las provisiones suficientes a mil millas de distancia[1], hay que contar, además, con los costes del frente y de la retaguardia, con los gastos de las misiones diplomáticas y con los costos de materiales como la cola y la laca, los carros y las armaduras, que ascienden a mil unidades de oro por día. Si se dispone de esta cantidad, puedes enrolar cien mil soldados.

Lo que da valor a la guerra es la victoria. Si la guerra se prolonga mucho, las armas se desgastan y la moral se deprime. Si las tropas asedian durante mucho tiempo las ciudades, sus fuerzas se agotan muy pronto.

---

[1] En chino la unidad utilizada es "li", que equivale a 360 metros, o sea, 360 km. Traduciremos siempre por "milla" (1.852 m).

Si el ejército enemigo resiste durante mucho tiempo, no serán suficientes los recursos del Estado.

Con las armas desgastadas, la moral deprimida, las fuerzas agotadas, los recursos económicos volatilizados los Estados vecinos pueden aprovecharse de las dificultades en las que te encuentras y alzarse contra ti. Y, aunque tengas sabios consejeros, no podrán cambiar la situación a tu favor.

He visto demasiadas guerras-relámpago mal conducidas, pero no he conocido nunca una operación militar que, dirigida eficazmente, se eternice.

Ningún país se ha beneficiado nunca de una guerra que se ha prolongado eternamente.

Quien no ha conocido a fondo los males de una guerra tampoco sabrá valorar correctamente las ventajas de la misma.

El general experto no tiene necesidad de una segunda leva de efectivos ni necesita un segundo envío de aprovisionamientos.

El general experto se aprovisiona en su patria, pero se abastece a expensas del enemigo, de modo que queda asegurado el avituallamiento de las tropas.

El transporte del aprovisionamiento necesario para las operaciones militares a larga distancia empobrece a los Estados: transporta lejos carros y bagajes y llevarás al pueblo a la miseria.

Allí donde se encuentra un ejército suben los precios. Si los precios suben, los recursos del pueblo disminuyen, y, si los recursos del pueblo disminuyen, la presión fiscal se hará insoportable.

Con el tesoro público desangrado, el Estado aumenta los impuestos. Los bienes y recursos disminuyen, y el país está a las puertas del hambre. Los ciudadanos pierden una séptima parte, y el Gobierno, una sexta parte de la recaudación.

Los gastos a los que el Gobierno tiene que enfrentarse para reparar o sustituir los carros de guerra de combate averiados, renovar los caballos agotados, las armaduras, los yelmos, las flechas, las ballestas, las lanzas, los escudos y las corazas, las bestias de tiro y los carros de transporte se llevan una sexta parte de la recaudación

Por lo tanto, un general experto y precavido procurará que sus tropas se alimenten con la comida arrebatada al enemigo, ya que una medida de provisiones arrebatada al enemigo vale por veinte de las suyas; un cesto de forraje enemigo vale por cien de los suyos.

Lánzate sobre el enemigo con furia.

Saquea los recursos del enemigo y divídelos entre las tropas como justa recompensa.

Por eso mismo, cuando en un combate de carros se capturan carros enemigos, recompensa al primero que consiga capturar diez.

Sustituye las banderas y estandartes enemigos con los tuyos, pon los carros capturados entre los tuyos y utilízalos en beneficio propio.

Trata bien a los prisioneros, y dales lo que necesitan.

En esto consiste ganar la batalla y hacerse aún más fuertes.

El objetivo esencial de la guerra es la victoria, no las operaciones bélicas prolongadas.

Por este motivo, un general que conoce el arte de la guerra se convierte en juez de la suerte de su pueblo y en árbitro de los destinos de la nación.

III

ATAQUE

El Maestro Sun dijo:

En la guerra es mejor conquistar un Estado intacto. Devastarlo significa conseguir peor resultado.

Capturar intacto a un ejército enemigo es mejor que exterminarlo. Resulta mejor capturar una división intacta que destruirla; mejor capturar un batallón intacto que destruirlo; mejor capturar una compañía intacta que destruirla. Es el principio fundamental del arte de la guerra.

Obtener cien victorias sobre cien batallas no es el máximo de la habilidad: vencer al enemigo sin librar batalla es el triunfo máximo.

El general experto ataca la estrategia del menos experto. Es lo primero que se debe hacer.

Lo segundo que se debe hacer es romper las alianzas del enemigo.

Lo tercero que se debe hacer es atacar al enemigo.

La táctica más arriesgada es asediar las ciudades. Asédialas sólo cuando no haya otra alternativa.

Se necesitan tres meses para preparar los vehículos acorazados, las armas y el equipamiento, y, además, otros tres meses para levantar los baluartes de tierra delante de las murallas.

Si el general no es capaz de controlar su impaciencia y ordena a sus hombres que asalten precipitadamente las murallas como hormigas, perderá un tercio de sus efectivos sin tomar la ciudad. Estos ataques son manifestaciones de estupidez asesina.

El verdadero experto en el arte de la guerra vence al ejército enemigo sin librar batalla, toma sus ciudades sin ponerlas cerco, y derriba a un Estado sin operaciones militares prolongadas.

Tu objetivo primario debe ser conseguir tomar todo: de esta forma, no tendrás que mantener a las tropas de ocupación y tus ganancias serán absolutas. Es la regla de la estrategia del asedio.

Las reglas de cómo utilizar las tropas:

Si sois diez contra uno, hay que cercar al enemigo.

Si sois cinco veces más fuerte, atácalo.

Si tu fuerza es el doble que la suya, divídete.

Si las fuerzas son iguales, procura atacar, si puedes.

Cuando seas inferior en todo, retírate, si puedes.

Si eres inferior en todo respecto al enemigo, intenta escapar. Si te obstinas en buscar el enfrentamiento, te harán prisionero, ya que, para una fuerza poderosa, una fuerza insuficiente se convierte en la presa deseada.

El general es considerado el protector del Estado. Si su protección se extiende sobre todas las cosas, el Estado será seguramente fuerte; si presenta fisuras, será seguramente débil.

El soberano puede perjudicar a su ejército de tres modos:

Cuando, sin conocer la situación, ordena a las tropas que avancen o se retiren en circunstancias equivocadas. Esto quiere decir atar al ejército.

Cuando, sin conocer el arte de la guerra, asume el mando del ejército. Esto provoca incertidumbre entre los oficiales.

Cuando, aunque no conozca el arte de las maniobras, dirige las operaciones militares. Esto determina incertidumbre entre las tropas.

Si el ejército está desunido y confuso, los soberanos vecinos tendrán terreno abonado para crear turbulencias. Es el sentido del dicho: «Un ejército indisciplinado facilita la victoria enemiga».

Hay cinco circunstancias en las que se puede prever la victoria.

Resultará vencedor quien esté en grado de distinguir cuándo es el momento de dar batalla y cuándo no.

Resultará vencedor quien esté en grado de establecer cuándo debe usar un grupo reducido de hombres o gran número de ellos.

Resultará vencedor quien ha formado un ejército compacto, con oficiales y soldados que luchan unidos por un mismo fin.

Resultará vencedor quien es prudente y está preparado, y se encuentra a la espera de los movimientos del enemigo temerario y poco preparado.

Resultará vencedor quien dispone de generales expertos no vinculados a los funcionarios de la corte.

Los cinco puntos descritos marcan el camino de la victoria.

Por todo esto digo: «Conoce al enemigo como a ti mismo. Si así lo haces, incluso en medio de cien batallas nunca te encontrarás en peligro».

Si no conoces al enemigo, pero te conoces a ti mismo, tus posibilidades de victoria serán parejas a tus posibilidades de derrota

Si no te conoces a ti mismo, ni conoces a tu enemigo, serás derrotado en todas las batallas.

IV

DISPOSICIÓN

El Maestro Sun dijo:

En la antigüedad los generales expertos, en primer lugar, intentaban ser invencibles, luego esperaban el momento en el que el enemigo era vulnerable.

Ser invencible depende sólo de nosotros mismos; la vulnerabilidad del enemigo depende sólo de él.

Un general hábil consigue hacerse invencible en una guerra, aunque no pueda inducir a un enemigo a que se haga vulnerable.

Por esto se dice que quien conoce el arte de la guerra puede prever la victoria, pero no puede determinarla.

Lo invencible depende de la defensa; la posibilidad de victoria, del ataque.

Uno debe defender, cuando nuestras fuerzas son inferiores; y debe atacar, cuando nuestras fuerzas son muy superiores.

Los expertos en el arte de la defensa se ocultan como sea bajo los nueve estratos de la tierra[1]; los expertos en el arte de atacar se mueven como si estuvieran en el cielo. De esta forma, consiguen protegerse a sí mismos y alcanzar una victoria total.

Prever una victoria evidente, si cualquiera puede hacerlo, no es una verdadera habilidad

Todos reconocen como general experto a quien consigue la victoria en una batalla, pero no es ésta la verdadera habilidad. Quitar la piel al conejo en otoño no requiere fuerza; distinguir entre el Sol y la Luna no es difícil para los ojos; oír el ruido del trueno no es una prueba de oído fino.

Los generales de la antigüedad vencían haciendo fácil la victoria.

Por esto mismo, las victorias conseguidas por los maestros en el arte de la guerra no se distinguen ni por el uso de la fuerza ni por la audacia.

Sus éxitos en la guerra no dependían de la suerte. Pues, para vencer, basta con no cometer errores. «No cometer errores» quiere decir ponerse en la condición de vencer con certeza: de esta forma se somete a un enemigo ya vencido.

---

[1] Se refiere a montañas, colinas y ríos.

Por eso, el general experto crea situaciones, gracias a las cuales no podrá ser derrotado, y no deja escapar la ocasión de poner en condiciones de inferioridad al enemigo.

De esta forma, un ejército victorioso primero vence, y después lucha; un ejército destinado a la derrota primero lucha, y luego espera vencer.

El experto en el arte de la guerra cultiva el *dao* (la virtud), sigue sus reglas y elabora estrategias victoriosas. De esta forma domina en la confusión.

Recuerda que los elementos de la estrategia militar son cinco: primero, medidas del espacio; segundo, valoración de las cantidades; tercero, cálculos; cuarto, enfrentamiento; quinto, probabilidad de victoria.

Las medidas del espacio se deducen del territorio.

Las valoraciones de la cantidad se deducen de las medidas; los cálculos, de la cantidad; los enfrentamientos de los cálculos, y la probabilidad de victoria de los enfrentamientos.

De esta forma, un ejército victorioso establece una relación de cien contra uno, y un ejército derrotado, de uno contra cien.

Disponiendo hábilmente las tropas, un general victorioso es capaz de hacer luchar a su pueblo como el agua encerrada en un depósito de montaña; cuando se suelta de golpe, se precipita hacia el valle.

V

FUERZA

El Maestro Sun dijo:

Manejar a muchos es como manejar a pocos: basta cuidar la organización.

Controlar a muchos es como controlar a pocos. Se trata simplemente de adiestramiento y de señales.

Atacar al enemigo sin ser derrotado depende del uso de las fuerzas frontales[1] y de las laterales[2].

Lanza las tropas contra el enemigo para aplastarlo como una piedra puede aplastar los huevos: una fuerza potente lanzada contra la nada (el punto más débil).

Se ataca con la fuerza frontal, pero se vence con las fuerzas laterales.

---

[1] Unidades utilizadas en un ataque normal.
[2] Unidades de uso variado: movimientos de distracción, ataque sorpresa por los flancos, ataques laterales.

Las posibilidades de quien sabe utilizar con habilidad las fuerzas laterales son amplias e infinitas como el cielo y la tierra, e inagotables como las aguas de los grandes ríos.

Éstas terminan y empiezan de nuevo, como el movimiento del Sol y de la Luna. Mueren y renacen como las estaciones.

Las notas musicales no son más que cinco, pero sus melodías son tan numerosas, que nadie puede decir que las haya oído todas.

Los colores fundamentales no son más que cinco, pero sus combinaciones son tantas, que nadie puede imaginarlas.

Sólo son cinco los sabores, pero las mezclas que pueden realizarse son tan variadas, que nadie puede decir que haya probado todas.

Las acciones de ataque en batalla son sólo dos: el ataque frontal regular y el lateral por sorpresa, pero sus combinaciones son infinitas, y nadie puede decir que las conoce todas.

Estas dos fuerzas se reproducen recíprocamente, y sus interacciones son infinitas, como anillos concatenados. ¿Quién puede establecer dónde empieza una y termina la otra?

El agua torrencial, al correr, arrastra las piedras, gracias a su velocidad.

El halcón en picado parte en dos el cuerpo de la presa, porque golpea con precisión.

De igual forma, la velocidad de quien es hábil en el arte de la guerra es fulminante, y su ataque es totalmente preciso.

Su fuerza es la de la ballesta tensada al máximo, su ejecución es como la del mecanismo del disparo.

Tumulto y fragor; la batalla parece caótica, pero no hay desorden; las tropas que maniobran ordenadamente nunca serán vencidas.

Lo que aparenta confusión en realidad es orden; lo que aparenta cobardía es valor; la debilidad es fuerza[3].

Orden y desorden dependen de la organización; cobardía y valor, de las circunstancias; fortaleza y debilidad, de la disposición.

El general experto empuja al enemigo a moverse y a colocarse en determinada posición. Lo atrae con algo que

---

[3] Comentario de Tu Mu (803-853 d. C.: Literato, poeta, funcionario de la Corte imperial): «Quiere decir que, si uno intenta simular desorden para engañar al enemigo, en realidad tiene que ser muy disciplinado: sólo así puede fingir confusión. Quien quiere aparentar ser débil para que el enemigo se muestre audaz e imprudente, en realidad tiene que ser muy fuerte: sólo así puede simular debilidad. Si se quiere fingir cobardía para empujar al enemigo a que avance con vana osadía, tiene que ser muy valiente: sólo así se puede simular temor».

el enemigo está seguro que puede tomar, y, atrayéndolo, con la ilusión de una pequeña ventaja, lo aguarda con todos sus efectivos.

Por este motivo el general experto prepara la victoria estudiando la situación. No se entrega a sus subordinados.

Él mismo selecciona a sus hombres y les indica sus trabajos.

Quien sabe valorar la situación dispone a sus hombres en combate, como si fueran troncos o piedras que hace rodar. Por su naturaleza, los troncos y las piedras se quedan estáticos en un terreno plano, pero se mueven sobre un plano inclinado. Si tienen forma cuadrada, se quedan inmóviles; si redonda, ruedan.

Así, el potencial de las tropas hábilmente mandadas en combate se puede comparar a esas piedras redondas, que caen rodando desde la cumbre de las montañas. En esto consiste la fuerza.

VI

LA PLENITUD Y EL VACÍO

El Maestro Sun dijo:

Por lo general, quien antes llegue al campo de batalla y espere al enemigo estará reposado; quien, por el contrario, llegue más tarde y de inmediato entable combate estará cansado.

Por este motivo el general experto no se acerca al enemigo, sino que consigue que el enemigo se acerque a él: no deja que el enemigo le maneje.

Para conseguir que el enemigo se desplace, hay que darle ventajas; para desalentarlo, obligarle a que tema algo.

Si el enemigo está descansado, fatigarlo; si está bien alimentado, hacerlo morir de hambre; si está relajado, obligarlo a moverse.

Surge en lugares donde tenga que cansarse para darte alcance; dirígete rápidamente adonde no se te espera.

También puedes recorrer mil millas sin cansarte, si te mueves por donde no hay enemigo.

Para estar seguro de conquistar la zona donde has iniciado el combate, ataca un punto que no defienda el enemigo. Para estar seguro de conseguir lo que defiendes, parapétate donde el enemigo no pueda atacar.

El mejor ataque se logra cuando el enemigo no sabe dónde defenderse. La mejor defensa se logra cuando el enemigo no sabe dónde atacar.

Muévete con rapidez sin dejar rastro, como si fueras evanescente, maravillosamente misterioso, imperceptible: te erigirás en dueño del destino del enemigo.

El avance incontenible se lanza contra lo hueco del enemigo. La retirada inaprensible se consigue por la máxima velocidad.

Si quiero entablar batalla contra un enemigo firme en defensa detrás de altas murallas y profundas fosas, ataco un objetivo que con toda seguridad éste debe defender: de esta forma no podrá evitar salir para moverse al contraataque.

Si, por el contrario, quiero evitar entablar batalla, engaño al enemigo con factores de distracción. De esta forma no se moverá contra mí, aunque le indicase el camino marcado en el terreno.

Induce al enemigo a ponerse en orden de batalla, y al mismo tiempo mantén a tu ejército unido, de esta forma tus fuerzas estarán concentradas y las suyas divididas.

Si concentro a mis fuerzas, mientras el enemigo las divide en diez, puedo usar toda mi fuerza para atacar sólo una parte de la suya. De esta forma siempre seré superior a él en la proporción de diez a uno.

Si tengo más hombres para derrotar a quien se encuentra en inferioridad numérica, podré reducir el número de soldados que utilizo en la batalla.

Si el enemigo no sabe dónde atacarás, no le queda más remedio que prepararse colocando pequeñas posiciones por todas partes. Y, dado que las posiciones están aisladas, necesitarás pocos efectivos.

Quien tiene pocas tropas está obligado a grandes preparativos de defensa; quien tiene un gran ejército obliga al enemigo a prepararse en contra de él.

Si sabes el lugar y el momento de la batalla, tus tropas podrán desplazarse más de mil leguas, pero se encontrarán en el punto de reunión. Si no sabes ni el lugar ni el día de la batalla, tienes que conocer que tu flanco izquierdo no podrá ayudar a tu flanco derecho, ni el derecho al izquierdo; la vanguardia no podrá apoyar la retaguardia, ni la retaguardia apoyar la vanguardia, incluso en un espacio que dista pocas millas.

Aunque yo sepa que las tropas de Yue[1] son muy nu-

---

[1] El Estado de Yue se encontraba en un extremo de la región china y, en esa medida, por muy poblado y rico que fuera, no contaba con una posición geopolítica que le permitiera obtener un peso diplomático y militar importante.

merosas, dudo que esta superioridad suponga una ventaja efectiva para el resultado. El número no supone una victoria segura.

Y, por este motivo, afirmo que la victoria tiene que crearse.

Si el enemigo sobresale numéricamente, tengo que evitar que lo utilice.

Por este motivo, intenta anticiparte a los planes del enemigo e individualiza sus puntos fuertes y sus puntos débiles: así podrás decidir qué estrategia has de utilizar para conseguir la victoria y cuál no.

Distráelo con acciones imprevistas, empújalo a que se mueva y estudia los movimientos que realiza para hacerlos frente; mientras tanto procura que el grueso de las tropas descanse.

Individualiza sus posiciones: de esta forma conocerás el terreno de la vida y de la muerte[2].

Realiza acciones limitadas, e individualiza los puntos en los que es más escasa su plenitud y su vacío.

Tu formación esté siempre sin forma. Y así, ni los espías más hábiles descubrirán nada, ni un experto podrá elaborar una estrategia eficaz contra ti.

---

[2] El campo de batalla.

La forma que vence a muchos, no aparece a los ojos de muchos. Después de la victoria, mi forma será muy clara para todos. Antes de la victoria, nadie conocerá la forma que voy a utilizar.

Por este motivo, la forma que conseguirá la victoria no está bien definida, sino que cambia siempre.

Recuérdate que un ejército puede compararse con un río, pues, así como el río se aleja de las alturas y se precipita hacia el valle, de la misma forma tienen que hacer las tropas: alejarse de la plenitud y alcanzar el vacío.

Así como la conformación del terreno determina el curso del río, de la misma forma el enemigo determina la victoria.

De la misma manera que el río no tiene un curso constante, tampoco la fuerza tiene una forma constante.

Por este motivo, quien es capaz de conseguir la victoria adaptando su táctica a la situación del enemigo puede decir que posee una habilidad superior.

Entre los cinco elementos ninguno predomina; entre las cuatro estaciones ninguna dura eternamente; entre los días, unos se alargan y otros se acortan; y la luna, primero crece y después mengua.

VII

ENFRENTAMIENTO

El Maestro Sun dijo:

Cuando un ejército desciende al campo de batalla, normalmente antes el general recibe las órdenes del soberano, luego se moviliza al pueblo y hay que reunir a las tropas. A partir de ahí, tiene que procurar por todos los medios la cohesión de las tropas y luego preparar el campamento.

Ningún arte es más difícil que el enfrentamiento en el campo de batalla.

Las principales dificultades radican en hacer cercano lo que está lejos, y en convertir los inconvenientes en ventajas.

Desorienta al enemigo atrayéndolo con un señuelo, y alárgale el camino. De esta forma podrás arrancar más tarde, pero llegar antes. Es la estrategia que hace cercano lo que está lejos.

Recuerda que el enfrentamiento armado presenta ventajas e inconvenientes.

Quien, ante una ventaja, hace que se mueva todo el ejército, perderá de vista la ventaja.

Quien se presenta a un enfrentamiento sólo con tropas ligeras perderá por la falta de medios.

Si reúnes las tropas y partes velozmente con poco equipamiento, sin pararte ni de día ni de noche, y avanzas a marchas forzadas durante cien leguas, harán prisioneros a tus tres comandantes, porque llegarán antes las tropas más fuertes, mientras las más débiles se presentarán con retraso. Sólo llegará una décima parte del ejército.

Está perdido el ejército al que le falte equipamiento de comida o de dinero.

Quien no conoce la estrategia del enemigo no podrá concentrarse con los aliados.

Quien desconozca las montañas, los bosques, los desfiladeros más propicios para las emboscadas, la extensión de los marjales que están llenos de agua o aquellos que están encenagados no podrá dirigir la marcha de su ejército.

Por lo tanto, utiliza guías expertos de los lugares para conseguir las ventajas que ofrece el terreno.

Recuerda que la guerra se basa en el engaño; el movimiento se basa en las ventajas que puedes conseguir; la división o reunión de tus fuerzas se basa en la situación que quieres determinar.

Cuanto te mueves, sé rápido como el viento, majestuoso como el bosque, devastador como el fuego, inmóvil como las montañas, insondable como la oscuridad; ágil como el trueno[1].

Recuerda que, si te das al saqueo, divide a tus tropas; pero, si conquistas, divide el botín.

Pondera la situación antes de entrar en acción.

Vencerá quien conozca el arte de golpear de frente y en los flacos. Es el fundamento del enfrentamiento armado.

El libro de *La Administración Militar* afirma: «La voz no se oye en el combate: utiliza timbales y tambores. El ojo no discierne: utiliza banderas y estandartes».

Se utilizan timbales y tambores, banderas y estandartes para focalizar la atención: si las tropas están compactas, el valiente no puede avanzar por su cuenta ni el cobarde puede retroceder por su cuenta. Es el arte de armonizar a los soldados.

En los combates nocturnos utiliza antorchas y tambores. De día utiliza estandartes y banderas. De esta forma serás dueño de la vista y del oído de las tropas.

---

[1] Comentario de Chia Lin (618-907 d. C.: Experto en artes marciales y filósofo taoísta): «Cuando sopla el viento, no deja rastro y cambia la dirección de forma inesperada. El orden da majestuosidad al bosque. El fuego es devastador, porque a sus espaldas no deja ni una brizna de hierba. Cuando tomes posición, sé tan firme como las montañas».

Recuerda que a un ejército le pueden robar su ardor, y a un general le pueden despojar de su entendimiento.

Por la mañana temprano la moral está muy alta; durante el día va declinando, y por la tarde los pensamientos vuelan a casa.

Por esto, el experto en el arte de la guerra evita al enemigo cuando su moral es alta y lo ataca cuando sabe que su moral es baja, o cuando sus soldados tienen nostalgia de casa. Esto significa tener el control del factor moral.

Próximo al lugar de combate, espera a un enemigo alejado de él; en reposo, espera a un enemigo fatigado; bien alimentado, aguarda a un enemigo famélico. Esto significa tener el control de la fuerza.

No entres en combate con un enemigo que avanza con estandartes perfectamente alineados; no ataques a formaciones imponentes. Esto significa tener el control de las dististas circunstancias.

No te enfrentes a un enemigo que ocupa una posición elevada. Si tiene una colina a las espaldas, no te opongas a él.

Cuando finge que huye, no le sigas.

No ataques a sus tropas escogidas.

Evita morder sus señuelos.

No obstruyas al enemigo que vuelve a casa.

Deja una vía de escape al enemigo rodeado.

No aprietes al enemigo que está muy apremiado[2].

Éstas son las reglas del enfrentamiento armado.

---

[2] Comentario de Tu Mu (803-853 d. C.: Literato, poeta, funcionario de la Corte imperial): «Muéstrale que tiene una posibilidad de salvarse, y que le pase por la cabeza la idea de que existe una alternativa a la muerte. Y, después, atácalo».

VIII

VARIABLES

El Maestro Sun dijo:

Normalmente, el general recibe mandato del soberano para movilizar al pueblo y reunir al ejército. Hay nueve factores que varían según las circunstancias. Son los
siguientes.

Primero: No acampar en un terreno, si es peligroso.

Segundo: En un terreno donde sea fácil establecer co-
nexiones, establecer alianzas con los confinados.

Tercero: En un terreno abierto, no permanecer mucho tiempo.

Cuarto: En un terreno cercado[1], tener muchos recursos.

Quinto: En un terreno mortal, lucha.

Sexto: Hay senderos que no deben ser recorridos.

---

[1] Circundado de montañas.

Séptimo: Hay ejércitos que no deben ser atacados.

Octavo: Hay ciudades que no es necesario sitiar y territorios que no se deben disputar.

Noveno: Se pueden presentar circunstancias en las que las órdenes del soberano no deben ser obedecidas.

Un general que tiene un conocimiento profundo de las ventajas que ofrecen los nueve factores variables es experto en el arte de la guerra.

El general que no tiene claras las ventajas que puede sacar de los nueve factores variables no podrá utilizar el terreno en beneficio propio, aunque lo conozca bien.

En las campañas militares, quien no entiende la táctica basada en los nueve factores variables no será ni siquiera capaz de sacar lo mejor de sus tropas, aunque conozca bien las "cinco variaciones"[2].

---

[2] Simplificación del Comentario de Chia Lin (618-907 d. C.: Experto en artes marciales y filósofo taoísta) de la explicación sobre las "cinco variaciones":

A) Un camino corto, si pensamos que nos lleva a una emboscada, no debe ser recorrido:

B) Un ejército enemigo que se encuentra en una situación tan desesperada que obliga a los soldados a luchar hasta la muerte no debe ser atacado.

C) Una ciudad, aunque aislada y susceptible de asedio, si está bien abastecida de provisiones, defendida por tropas escogidas, mandada por un hábil general, con ministros inteligentes y fieles, a quienes se les pueden ocurrir planes que la hagan impenetrable, no debe ser asediada.

Por estas razones el general experto tiene que tener presente en sus decisiones tanto las circunstancias favorables como las desfavorables.

Tener en cuenta las ventajas sirve para elaborar los planes. Tener en cuenta los inconvenientes sirve para evitar los daños.

El miedo de un daño frena. La acción desgasta. La perspectiva de una ventaja incita.

Para confundir a los enemigos, pon en acto acciones de distracción

El general experto desgasta al enemigo, teniéndolo constantemente bajo presión. Le hace correr de una parte para otra atrayéndolo con ventajas ilusorias.

No te ilusiones con que el enemigo puede no venir, sino estate preparado para enfrentarte con él. No te ilusiones con que el enemigo no te atacará, sino, más bien, haz de tal forma que seas inatacable. Es una regla fundamental del arte de la guerra.

Cinco cualidades peligrosas puede haber en el carácter de un general. Son éstas:

D) Un territorio que se puede conquistar, pero que resulta difícil defender o, si se retiene, no se le puede sacar un gran provecho, no vale la pena emprender una guerra por él.

E) Aunque se debe obedecer siempre al soberano, si se considera que sus órdenes pueden llevar a grandes ingerencias en el desarrollo de una guerra, no se deben obeceder las mismas.

Si es demasiado temerario, puede ser asesinado.

Si tiene demasiado apego a la vida, seguramente será hecho prisionero.

Si tiene un temperamento colérico, cede a las provocaciones.

Si tiene demasiado apego a su dignidad, es sensible a las calumnias.

Si es de naturaleza compasiva, puede vivir atormentado.

Estos cincos rasgos del carácter para un general son defectos, y, para las operaciones militares, catástrofes.

La ruina del ejército y la muerte del general son el resultado de estos defectos. Piénsalo bien.

IX

DESPLAZAMIENTOS

El Maestro Sun dijo:

Cuando tomas posición y estudias al enemigo, cierra los pasos de montaña y ocupa los valles.

Establece el campo en un terreno elevado, en la vertiente del sol, en el lado donde más tupidas crecen los árboles.

Obliga al combate en la bajada; no ataques nunca cuesta arriba.

Así se debe hacer en el enfrentamiento en las montañas.

Si entre tú y el enemigo hay un río, no te quedes cerca del mismo. El enfrentamiento no debe tener lugar en el agua.

Será más ventajoso para ti que dejes atravesar a la mitad de sus fuerzas y luego atacas.

No te enfrentes al enemigo cerca del río. Ocupa una

posición elevada y de cara al lado soleado, y no te si-
túes jamás río abajo con respecto al enemigo.

Así se debe hacer en el enfrentamiento en terrenos
junto a un río.

Atraviesa rápidamente los terrenos inundados. No te
entretengas. Si encuentras al enemigo en medio de un
terreno inundado, sitúate en un suelo sólido, con vegetación. Mantén los árboles siempre a tus espaldas.

Así se debe hacer en el enfrentamiento en terrenos
inundados.

En la meseta ocupa una posición en la que se pueda
maniobrar con facilidad. Mantén los altos a tu derecha y
el campo de batalla de frente[1]: delante de ti está la muerte; detrás, la vida.

Así se debe hacer en el enfrentamiento en la meseta.

En general, estas reglas son ventajosas, si se siguen
en las cuatro situaciones que hemos citado. Utilizándo-
las de esta forma, el emperador Amarillo[2] venció a los
cuatro soberanos.

---

[1] En aquella época, el lado derecho de un ejército era el más vulnerable a las flechas, ya que se llevaba el escudo en la izquierda.
[2] Comentario de Chiang Yu (960-1079, d. C.: Literato): «El emperador Amarillo fue el primero que escribió sobre arte militar, de ahí
que Sun Zi lo recuerde».

Los ejércitos prefieren las posiciones elevadas a las que están en bajo; les gusta la luz del sol y no aprecian la sombra. Esta regla es siempre válida.

Al ocupar una posición sólida, el general experto se preocupa de la salud de sus tropas. Se dice que un ejército sin enfermedades es invencible.

Cerca de terraplenes o colinas o diques o barreras debes siempre colocarte en la vertiente soleada, teniendo a la derecha y un poco atrás esos obstáculos.

Estas reglas para sacar provecho a la naturaleza del terreno ponen a tu ejército en ventaja.

Cuando la lluvia cae en la cabecera del río, y las aguas bajan turbulentas, quien desea vadearlo tiene que esperar a que las aguas se amansen.

Donde hay obstáculos naturales como torrentes impetuosos, derrumbamientos, trampas, desplomes, desfiladeros y gargantas, sal inmediatamente. No te entretengas.

Mantente alejado de estos lugares, pero atrae al enemigo hacia ellos. Tenlos enfrente y que el enemigo los tenga a sus espaldas.

Cuando en los flancos del ejército hay desfiladeros peligrosos, o estanques cubiertos de hierbas acuáticas de las que sobresalen cañas y juncos, o bosques de espesa vegetación, resulta imprescindible realizar batidas exhaustivas, puesto que se trata de lugares propicios para tender emboscadas y camuflar espías.

Si el enemigo está cerca y no se mueve, y tu posición está por debajo, significa que dispone de una posición favorable. Si se encuentra alejado y nos provoca, pretende meternos en una trampa. Si se encuentra en un terreno cómodo y se deja ver, significa que ocupa una posición que ofrece una ventaja clara.

Las ramas de los árboles se mueven: significa que el enemigo está avanzando.

Si en la parte baja de esos bosques de densa vegetación encuentras demasiados apostaderos, recuerda que están allí para engañarte.

Pájaros que emprenden el vuelo deprisa señalan que el enemigo te está tendiendo una emboscada. Animales salvajes que huyen espantados señalan que el enemigo está intentando un ataque por sorpresa.

Columnas de polvo, que se elevan al cielo, indican que se acercan los carros del enemigo. Cuando, por el contrario, el polvo se ensancha en una nube horizontal, indica que el enemigo está intentando un ataque por sorpresa.

Polvo que se levanta en distintos puntos: quiere decir que el enemigo está recogiendo leña para hacer fuego. Muchas pequeñas nubes de polvo esparcidas: quiere decir que el enemigo está acampando.

El enemigo que envía embajadores para tratar con humildad, mientras continúa con sus preparativos de guerra, está a punto de atacar.

Si los embajadores son falsos y arrogantes, y el enemigo da muestras de avanzar, quiere decir que prepara la retirada.

Si los embajadores vienen con discursos conciliadores, el enemigo desea una tregua.

Si los embajadores, sin acuerdo previo, ofrecen la paz, el enemigo está tramando un complot.

Si los primeros que salen son los carros ligeros y toman posiciones en los flancos, quiere decir que el enemigo está preparándose para atacar.

Las tropas del enemigo marchan desplegadas y los carros avanzan como en parada, se están esperando refuerzos.

Si la mitad de las fuerzas del enemigo avanza y la mitad retrocede, intentan atraernos hacia una trampa.

Sus hombres, de pie, se apoyan en las armas, es señal de que les acucia el hambre.

Si los aguadores beben antes que el resto, es que les apremia la sed.

Cuando el enemigo ve una posición ventajosa, pero no avanza para tomarla, quiere decir que está extenuado.

Cuando se ven pájaros reagrupados en un lugar donde está acampado el enemigo, quiere decir que el campamento está vacío.

Cuando el enemigo es ruidoso incluso de noche, quiere decir que el enemigo está asustado.

Cuando sus tropas no están desplegadas en orden, quiere decir que el general no tiene autoridad.

Cuando se agitan continuamente sus banderas y estandartes, quiere decir que el enemigo está desconcertado.

Si los oficiales se irritan fácilmente, significa que están exhaustos.

El enemigo mata los caballos y da su carne a los soldados como rancho: ha agotado los víveres. Sus tropas no cuelgan los peroles en el fuego ni regresan a los acuartelamientos: se prepara una acción desesperada.

Los soldados murmuran, olvidan las consignas, hablan entre ellos: han perdido la confianza en el general.

Recompensas demasiado frecuentes: el general ha agotado todos sus recursos. Castigos demasiado frecuentes: el general se encuentra en dificultades extremas[3].

---

[3] En relación con los castigos corporales de la época, se recurría, según la entidad de la infracción, a los que se definían como las "cinco mutilaciones punitivas". Cinco grados distintos de castigo:
1) Marcadura de la cara con un hierro caliente, que identificaba la culpa cometida.
2) Cortar la nariz.
3) Cortar los pies (o solo los dedos).

Los oficiales que maltratan a los hombres, pero luego tienen miedo, son incapaces de mantener la disciplina.

En guerra, disponer únicamente de un ejército numeroso no representa por sí mismo una ventaja. Recuérdate de no actuar nunca fiándote solamente de la simple fuerza del número.

Para someter a un enemigo, tienes que valorarte a ti mismo, valorarle a él, y conseguir el apoyo del pueblo. Eso es todo.

Quien, sin apoyo ni estrategia, ataca a un enemigo valorando poco sus fuerza, seguramente será hecho prisionero.

No debes castigar a las tropas antes de haber ganado su lealtad: no te obedecerán. Y las tropas indisciplinadas difícilmente te podrán ser útiles.

Si las tropas son leales, pero no se las castiga cuando es justo, tampoco te podrán ser útiles.

Moldea a tus tropas con competencia y justicia, y únelas con las virtudes marciales: te acercarás a la victoria.

---

4) Castración para los hombres y reclusión durante toda la vida para las mujeres.
5) Muerte. Pena que podía llevarse a cabo a través de:
   a) Decapitación.
   b) Descuartizamiento con los carros.
   c) Cocción.
   d) Puesto en salmuera, etc.

La disciplina se consigue con el adiestramiento. Tropas bien adiestradas te serán obedientes; en caso contrario, no obedecerán tus órdenes.

Cuando los comandantes inspiran confianza y se les tiene en cuenta, las relaciones entre el general y el ejército pueden ser satisfactorias.

A los comandantes que responden al bien del pueblo se les sigue; a los que no responden al bien del pueblo se les ignora. Cuando hay armonía entre gobernantes y súbditos, a los comandantes se les acoge con satisfacción.

X

EL TERRENO

El Maestro Sun dijo:

Atendiendo a su naturaleza, los distintos terrenos puede ser accesibles, con trampa, no resolutivos, limitados, accidentados, abiertos.

Se denomina accesible al terreno que se puede atravesar por cualquier punto con la misma facilidad. En este terreno, quien primero tome posiciones altas e iluminadas y cómodas también para el transporte de aprovisionamiento tendrá ventaja.

Se denomina con trampa al terreno al que se accede con facilidad, pero cuya salida es dificultosa. Por su naturaleza facilita el ataque a un enemigo que no esté preparado; pero, si el enemigo está preparado y tú no lo vences, te será difícil volver para atrás. Este es el inconveniente.

Se denomina no resolutivo al terreno en el que avanzas con dificultad tanto tú como el enemigo. Sobre este terreno, incluso si eln enemigo te ofrece una ventaja, no avances. Más bien, retrocede e induce a la mitad de las fuerzas enemigas a que se lancen hacia adelante. Luego contraataca, vencerás.

Se denomina limitado el terreno circundado por obstáculos naturales, tales como montañas. Si somos los primeros en ocupar un terreno limitado, debemos bloquear todos los pasos y esperar así al enemigo; pero, si es él quien lo ha ocupado antes y ha bloqueado los caminos, no debemos seguirlo; podemos hacerlo solamente en el caso de que no los haya bloqueado todos.

Se denomina accidentado el terreno lleno de alturas y de difícil tránsito. Si somos los primeros en ocupar un terreno accidentado, hemos de tomar las posiciones altas e iluminadas y esperar así al enemigo; si es el enemigo quien lo ha ocupado antes, no ataques; retírate y renuncia a seguirlo.

Se denomina accidentado el terreno sobre el que la fuerza de ataque es similar para nosotros y para el enemigo. En este terreno resulta arriesgado provocar al enemigo, y luchar no es ventajoso.

Estas reglas que hemos enumerado conforman los seis tipos distintos de terreno. Es responsabilidad máxima del general conocer a fondo el terreno, que debe estudiar con mucha atención.

Seis comportamientos de las tropas no se pueden atribuir a causas naturales: amontonarse, titubear, desunirse, dispersarse, estar en el caos, sentirse derrotado. Estos comportamientos dependen de errores del general.

Si las fuerzas son similares, pero se utilizan hombres a razón de diez contra uno, las tropas están amontonadas.

Si las tropas son fuertes, pero los oficiales son débiles, el ejército es titubeante.

Si las oficiales son fuertes, pero las tropas son débiles, el ejército se desune.

Cuando los oficiales se muestran demasiado belicosos e incapaces de controlar, y se enfrentan al enemigo en la contienda sin valorar la oportunidad de entablar batalla, y los generales no saben decidir, el ejército se dispersa.

Cuando el general es de carácter débil y nada autoritario; cuando sus órdenes no son claras; cuando oficiales y tropa no están coordinados; cuando descuidan la disposición en orden de batalla, el ejército está en el caos.

Cuando el general es incapaz de valorar la consistencia del enemigo, y enfrenta un ejército de escasos efectivos a uno numeroso, o ataca con un ejército débil uno muy fuerte o encarga misiones a subalternos, el resultado es la derrota.

Cuando prevalece una de las seis consideraciones antes expuestas, el ejército está abocado a la derrota. La responsabilidad fundamental del general es prestar la máxima atención.

La naturaleza del terreno puede ayudar mucho en la

batalla, pero depende únicamente del comandante saber juzgar al enemigo, calcular las distancias y valorar los riesgos. Conociendo estos factores, vencerás; descuidándolos, serás derrotado.

Si, basándote en las reglas del arte de la guerra, vislumbras una victoria segura, ataca incluso contra el parecer del soberano. Si, basándote en las reglas del arte de la guerra, no vislumbras una victoria segura, no ataques, aunque el parecer del soberano sea favorable.

El general que va por su camino sin buscar éxitos personales, que se bate en retirada sin temer el deshonor, que actúa siempre en función del bien del pueblo y del soberano, representa el tesoro más preciado del Estado.

Un general de estas características se preocupa tanto de sus hombres como de los niños, y ellos le siguen incluso hasta el fondo del abismo. Les trata con el mismo afecto que a sus hijos, y ellos están preparados para dar la vida por él.

Si un general se muestra indulgente con sus tropas, pero al mismo tiempo es incapaz de asignarles objetivos; si las ama, pero es incapaz de conseguir que respeten sus órdenes; si las tropas son indisciplinadas, y él no sabe controlarlas, entonces se comporta como un padre que transforma a sus hijos en niños consentidos, y no puede contar con sus tropas.

Si veo que mis tropas tienen la posibilidad de atacar al enemigo, pero desconozco dónde éste es vulnerable, mis posibilidades de victoria se reducen a la mitad.

Si veo dónde el enemigo es vulnerable al ataque, pero desconozco si mis tropas tienen la posibilidad de derrotarlo, mis probabilidades de victoria se reducen a la mitad.

Si veo dónde el enemigo puede ser atacado y sé que mis tropas tienen la posibilidad de hacerlo, pero desconozco si la conformación del terreno me resulta ventajosa, mis probabilidades de victoria se reducen a la mitad.

Por este motivo, un general experto, cuando se mueve, no comete errores. Cuando ataca, tiene recursos ilimitados.

Y por esta razón se dice: Conoce al enemigo y conócete a ti mismo: tu victoria no será arriesgada. Conoce el terreno y el cielo, tu victoria será total.

XI

EL TERRITORIO

El Maestro Sun dijo:

Según las reglas del arte de la guerra, hay nueve tipos de territorio: dispersivo, de frontera, de confrontación, comunicante, focal, grave, difícil, cercado y mortal.

Cuando las fuerzas de un mismo Estado combaten entre sí, se trata de un territorio dispersivo.

Cuando penetras en un país enemigo, pero no profundamente, te encuentras en un territorio de frontera.

Un territorio que, una vez conquistado, otorgaría ventaja tanto para ti como para el enemigo, es territorio de confrontación.

Un territorio al que pueden acceder con la misma facilidad tanto tú como el enemigo es territorio comunicante.

Cuando un Estado está encerrado entre tres Estados que se lo disputan, su territorio es focal. El primero que asuma el control conquistará todo bajo el cielo.

Un ejército que penetra profundamente en suelo enemigo, dejando a sus espaldas ciudades y pueblos, se encuentra en un territorio grave.

Quien debe salvar montañas, bosques y regiones escarpadas, caminar por pasadizos estrechos, pantanos, ciénagas o vías difícilmente transitables se encuentra en un territorio difícil.

Cuando el acceso resulta difícil y la salida es tortuosa, que permite a un pequeño grupo de soldados vencer a un grupo importante de tropas, es un territorio cercado.

Donde puedes sobrevivir sólo si luchas con el coraje de la desesperación es territorio mortal.

O sea, en territorio dispersivo no luches. En territorio de frontera no te pares.

Si el enemigo ocupa el territorio de confrontación, no ataques. En un territorio comunicante no te disperses.

En un territorio focal estrecha alianzas con los Estados que te rodean. En un territorio grave dedícate al saqueo.

En un territorio difícil procede lo más deprisa que puedas. En un territorio cercado inventa estratagemas. Lucha en un territorio mortal.

Si me encuentro en un territorio dispersivo, verificaré la determinación de mi ejército.

Si me encuentro en un territorio de frontera, consolidaré los lazos entre todas mis fuerzas.

Si me encuentro en un territorio de confrontación, tendré cuidado que la retaguardia me siga.

Si me encuentro en un territorio comunicante, pondré una atención especial en organizar mis defensas.

Si me encuentro en un territorio focal, estrecharé alianzas.

Si me encuentro en un territorio grave, procuraré que la afluencia de provisiones sea ininterrumpida.

Si me encuentro en un territorio difícil, recorreré los caminos con la mayor celeridad.

Si me encuentro en un territorio cercado, bloquearé todas las entradas y salidas posibles.

Si me encuentro en un territorio mortal, explico a todos que no hay vía de escape, porque está en la naturaleza de los soldados saber resistir cuando están rodeados, luchar hasta la muerte cuando no queda otra alternativa y obedecer ciegamente cuando no hay ninguna esperanza.

El general experto debe analizar cuidadosamente las variaciones tácticas que se deben aplicar en los nueve tipos de territorio, las ventajas que pueden derivar de los despliegues de las tropas cerradas o distanciadas, y las consideraciones derivadas de la naturaleza del terreno.

En la antigüedad, las personas que tenían fama de expertos de la guerra hacían que resultara imposible que el enemigo pudiera reunir la vanguardia con la retaguardia; que coordinara al grueso de las tropas con la avanzadilla; que socorrieran las tropas fuertes a las débiles, y que se apoyaran mutuamente los superiores y los subordinados.

Cuando las fuerzas enemigas se dispersaban, hacían de tal forma que se quedaran en un estado de confusión

Concentraban las tropas y se ponían en acción cuando veían que les resultaba ventajoso; cuando no les resultaba ventajoso, se detenían.

Si me preguntases: «¿Cómo debo comportarme contra un ejército enemigo bien ordenado y que está a punto de atacar?» Respondería: «Apodérate de algo que le resulte muy querido a tu enemigo, y él se doblegará a tus deseos.»

La esencia de la guerra es la celeridad. Hay que aprovecharse de que el enemigo no esté preparado, surgiendo de caminos imprevistos y atacando donde no haya tomado precauciones.

Las consideraciones fundamentales que se aplican a una fuerza de invasión son las siguientes:

Cuanto más profundamente penetres en territorio enemigo con tanta mayor fuerza tienes que actuar, hasta el punto de que quien defiende ese territorio ya no puede luchar.

Saquea las tierras fértiles para abastecer a tu ejército de abundantes provisiones, y procura que tus tropas estén siempre bien nutridas.

No te canses sin motivo, cuida la salud, ahorra energías, acumula fuerzas. Define tus planes y dirige los movimientos del ejército, haciendo inescrutable tu estrategia.

Lleva a tus hombres a posiciones elevadas sin salida y verán la muerte. Ante la muerte, ¿qué no harán? En las situaciones desesperadas oficiales y soldados olvidan el miedo y dan lo mejor de sí. Sin una escapatoria, defienden el terreno con uñas y dientes. Comprometidos hasta la médula, se defienden con todo. Sin alternativas, luchan hasta la extenuación.

En las circunstancias anteriormente descritas las tropas están alerta, sin necesidad de advertirlas. Defienden la posición, sin necesidad de desplegarlas. Permanecen unidas, sin que se deba exhortarlas. Mantienen la disciplina, sin amenazas.

Mis oficiales no disponen de abundantes riquezas, porque desdeñen los bienes materiales. No esperan tener una vida muy larga, y esto no es porque no amen la vida.

El día en que el ejército recibe la orden de ponerse en marcha, las lágrimas de quien está sentado bajan hasta humedecer sus solapas, y las lágrimas de quien está echado recorren sus mejillas

Pero, si pones a tus tropas en una situación sin salida, seguramente darán prueba de su coraje inmortal, como Zhu o Gui[1].

Recuerda que las tropas más valientes deben utilizarse conforme a como se comporta la serpiente llamada Respuesta Simultánea (*Shuai rang*) del Monte Heng[2]. Si se le pega en la cabeza, te ataca con la cola; si se le pega en la cola, te ataca con la cabeza; y si se le pega en la mitad del cuerpo, te atacan juntas la cabeza y la cola.

Si me preguntaras: «¿Es posible que las tropas actúen tan rápidamente como la serpiente *Shuai rang?*» Yo te respondería: «Es posible».

Porque también los hombres de Wu y los de Yue, que se odian mutuamente, si se encontraran en una barca azotada por el viento, colaborarían para la salvación de

---

[1] Dos personajes históricos de la época de Primaveras y Otoños, célebres por su valentía y arrojo. Zhu era oriundo del Estado de Wu. En el año 515 a. C. Wu planeó asesinar al soberano de ese país para ocupar su posición. Su general estaba de acuerdo y le aconsejó que eligiera a Zhu para llevar a cabo el regicidio. Zhu ocultó una daga en el interior de un pescado que ofreció al rey como ofrenda y, cuando estuvo cerca de él, a pesar de estar rodeado por sus guardias personales, sacó la daga y asesinó al rey. Gui, originario del Estado de Lu, pasó a la historia, porque, cuando el soberano de Qi se encontraba reunido con el soberano de Lu, irrumpió con un puñal en la mano y amenazó con dar muerte al soberano de Qi, si no accedía a devolver los territorios que había arrebatado a su país, Lu.

[2] En las leyendas populares se hacen referencias a esta serpiente: «En el Monte Xifeng hay una serpiente cuya distancia entre cabeza y cola es enorme. Si alguien toca su cabeza, la cola acude en su ayuda; si toca su cola, la cabeza acude en su ayuda, y, si la tocan en la mitad, cabeza y cola acuden a la vez».

ambos, como la mano derecha hace con la mano izquierda.

Embridar los caballos y enterrar las ruedas de los carros no ayuda mucho[3].

Unifica a los hombres, armoniza su espíritu, es el *dao* de la organización. Vence utilizando las fuerzas directas y las laterales. Explota el conocimiento del terreno.

El general experto hace que su ejército sea un conjunto armónico. De esta forma, dirigir a muchos hombres es como dirigir a uno solo, que debe hacer lo que tú quieres.

Mantenerse sereno e impasible, imparcial y seguro de sí es un deber del general.

Deja a oficiales y tropa en la obscuridad de los planes que tienes en la cabeza

Prohíbe la adivinación y las prácticas supersticiosas, y libera al ejército de las incertidumbres. No pensarán dejarte nunca hasta el momento de la muerte.

Adecúa tus métodos y modifica tus planes tan en secreto, que nadie sepa lo que estás haciendo.

---

[3] Comentario de Tu Mu (803-853 d. C.: Literato, poeta, funcionario de la Corte imperial): «Se embridan los caballos para mantener firme la primera línea, se entierran las ruedas de los carros para inmovilizarlos...»

Cambia la disposición de los campamentos y utiliza caminos a desmano, para que al enemigo le resulte imposible prever tus movimientos.

Tomada la decisión, el general hace como aquel que, una vez que ha subido, tira la escalera.

Hace que su ejército penetre profundamente en territorio hostil y, cuando está allí, aprieta el gatillo del arma.

Hace quemar las barcas del ejército, hace agujerear los peroles del rancho, empuja a los hombres como si se tratara de un rebaño de ovejas, ahora en una dirección y luego en la otra. Y nadie imagina dónde va.

El general organiza las tropas, y las guía entre mil peligros: ésta es su tarea. Examina las oportunidades que ofrecen los distintos terrenos, las ventajas de avanzar y de retirarse, los sentimientos de los hombres y su estado de salud.

Si se desconocen las intenciones de los Estados vecinos, no se pueden organizar alianzas. Si no se conoce la naturaleza de las montañas, de los bosques, de los desfiladeros, de las lagunas, de las marismas, no se puede guiar el avance de un ejército. Si no nos ayudamos de guías que conocen los lugares, no aprovechamos las ventajas que ofrece el territorio. Un general que desconoce incluso una de estas tres cosas no puede mandar al ejército.

Cuando un general experto ataca un Estado poderoso, debe impedir que los habitantes concentren las fuerzas. Aterroriza al enemigo e impide que se una a sus aliados.

Por este motivo, si no estrechas alianzas y no refuerzas tu dominio, sino que te contentas con ampliar tu influenza personal amenazando a los enemigos, tu Estado y tu ciudad serán vulnerables.

Corrompe todo lo que hay de bueno en el enemigo con ofertas, dones y promesas. Destruye la confianza en sus oficiales, induciendo a los mejores de ellos a acciones vergonzosas y viles, y no te olvides de divulgarlas.

Estrecha relaciones secretas con aquellos menos recomendables entre los enemigos y multiplica el número de este tipo de agentes.

Crea discrepancias[4] en el Estado adversario, siembra la discordia entre los jefes, excitando los celos y la desconfianza, provoca la indisciplina, suscita motivos de descontento, creando dificultades a la llegada de los víveres y de las provisiones.

---

[4] Con este término Sun Zi indica la utilización de ese rasgo que, en nuestros días, definimos como "guerra psicológica".

Según Sun Zi existen "seis discrepancias", que se pueden aplicar para minar la estabilidad social, y son:

1) Los plebeyos que se oponen a los nobles.

2) Los jóvenes que se ponen por encima de los ancianos.

3) Los parientes lejanos que se entrometen entre los parientes cercanos.

4) Los nuevos amigos que se entrometen entre los viejos amigos.

5) Los pequeños que superan a los grandes.

6) Los deshonestos que arruinan a los honrados.

Respecto al término "amigos", se refiere a nuevas alianzas entre los Estados, que comprometen las viejas alianzas.

Haz tierno y sensible el corazón de las tropas con la música, manda a los enemigos jóvenes mujeres que les corrompan.

Procura que los soldados no se encuentren nunca donde deberían estar: ausentes cuando deberían estar presentes, descansando cuando su puesto sería la primera línea.

Molesta al enemigo con falsas alarmas y falsas informaciones; gana para tu causa a los administradores y a los gobernantes de las provincias enemigas. Esto es lo que hay que hacer con destreza y astucia para crear dificultades.

Dirige a todo el ejército como si fuera un hombre solo. Guíalo sin discutir tus objetivos. Estimúlalo con la perspectiva de ganancias, pero mantenle escondidos los peligros.

Pon a tus hombres frente al peligro, y verás que sobreviven. Llévales a un territorio mortal, y vivirán. Pues, precisamente, cuando a alguien se le expone a un peligro extremo, entonces se puede convertir la derrota en victoria.

Recuerda que lo más complicado en las operaciones militares está en conformar la propia estrategia con las intenciones del enemigo.

Concéntrate en el enemigo, e, incluso a una distancia de mil millas, podrás matar al general. Esto significa ser hábiles en el arte de la guerra.

Declarada la guerra, cierra las fronteras, rompe las tablillas[5], rechaza a los enviados del enemigo. Las decisiones bélicas se toman sólo en el cuartel general.

Si el enemigo te ofrece una ocasión de ventaja, aprovéchala inmediatamente. Actúa antes que él, siendo el primero en ocupar el objetivo.

El arte de la guerra consiste en estar siempre al corriente de la situación del enemigo, de forma que puedas decidir con razones el desencadenamiento del combate.

Por eso, al principio sé tímido como una virgen, y se te abrirán las puertas. Luego actúa tan rápido como una liebre, y nadie te podrá seguir.

---

[5] "Rompe las tablillas": era uso de la época que las administraciones locales diesen a los viajeros de paso tablillas de madera o de terracota, que los guardianes de los pasos o de los caminos de acceso controlaban. Eran, para todos los efectos, salvoconductos. Por "romper" se entiende que ningún viajero habría podido entrar o salir, legalmente, del país.

XII

FUEGO

El Maestro Sun dijo:

Hay cinco sistemas de ataque con proyectiles incendiarios: lanzarlos contra las personas, los almacenes, los equipamientos, los campamentos y los arsenales.

Para utilizar el fuego hay que disponer de los medios oportunos y esperar que llegue el clima adecuado: árido y ventoso.

Los equipamientos necesarios para realizar un ataque con fuego tienen que estar siempre preparados y disponibles.

Hay épocas favorables para su propagación y días apropiados para su desencadenamiento.

Las épocas favorables son aquellas en las que el tiempo es seco; los días apropiados, aquellos en los que la luna se encuentra en las constelaciones del Cesto, del Muro, de las Alas o del Carro. Normalmente, es bajo el influjo de estas cuatro constelaciones cuando se levanta el viento.

Recuerda que en los ataques con fuego hay que estar preparado para responder al cambio de las situaciones.

Cuando el fuego se propaga en el campo enemigo, coordina inmediatamente tu acción desde el exterior. Sin embargo, si las tropas enemigas permanecen tranquilas, no ataques, sino espera el momento oportuno.

Cuando las llamas alcancen su mayor altura, ataca, si puedes. En caso contrario, detente[1].

Si atizas el incendio fuera del campo enemigo, no esperes a que las llamas alcancen el campamento. Incendio en tiempo oportuno.

Si el fuego se propaga en la dirección del viento, no ataques en la dirección contraria.

Si el viento sopla durante el día, amainará por la noche.

Recuerda que el ejército debe conocer las situaciones que se determinan tras los cinco sistemas distintos de atacar con fuego, y estar en grado de buscar la ocasión oportuna.

---

[1] Comentario de Tu Mu (803-853 d. C.: Literato, poeta, funcionario de la Corte imperial): «Generalmente se ataca con fuego no para confiar a las llamas la tarea de destruir, sino para crear desorden en el enemigo antes de atacar. Por esto mismo, cuando las llamas son altas, ataca. Pero, si el fuego ha sido dominado y el enemigo se ha recompuesto, has perdido la ventaja en el ataque...»

Quien utiliza el fuego para sostener sus propios ataques es sagaz; servirse del agua para secundar la ofensiva requiere fuerza.

El agua permite aislar al enemigo, pero no destruirlo[2].

Recuerda que vencer en las batallas y alcanzar los propios objetivos militares, pero olvidarse de sacar el mayor provecho de los resultados es un hecho muy negativo, y se puede definir como un "desastroso olvido".

No asignar adecuadas recompensas después de una batalla ganada o un asedio llevado a puerto con éxito tiene efectos negativos, y te consideran un avaro.

De ahí el dicho: los soberanos iluminados deciden la guerra, y los buenos generales realizan los planes.

Actúa sólo en el interés del Estado. Si no estás muy seguro de obtener la victoria, no utilices al ejército. Si no estás en peligro, no combatas.

El soberano no puede movilizar a un ejército sólo por un ataque de ira, ni un general puede combatir movido por el resentimiento. Pues, mientras un hombre encolerizado puede recuperar la calma, y un hombre resentido puede serenarse, un Estado aniquilado no puede restablecerse ni los muertos pueden recuperar la vida.

---

[2] Comentario de Chiang Yu (960-1079, d. C., Literato): «La utilización inteligente del fuego facilita el ataque. El agua divide al enemigo, y tú eres más fuerte que un enemigo dividido».

El soberano inteligente es prudente, y el buen general le advierte contra las acciones temerarias. Por esto el Estado es seguro y la fuerza militar permanece íntegra.

XIII

LOS ESPÍAS

El Maestro Sun dijo:

Recuerda que, cuando se moviliza a un ejército de cien mil hombres para entrar en guerra a mil millas de distancia, los gastos soportados por el pueblo, constituidos por los desembolsos del erario público, alcanzan las mil unidades de oro por día. Pueden necesitarse años de guerra para un día de victoria. Nacerá entonces una agitación frenética tanto en el interior como en el exterior del país; el pueblo quedará extenuado con los impuestos, y los balances de setecientas mil familias se desajustarán[1].

No conseguir información sobre el enemigo, y luchar durante años evitando recompensar a los agentes secretos hábiles es una acción que va contra el pueblo, es indigna de un general, de un buen consejero del soberano, de una persona que puede conseguir la victoria.

---

[1] "Cien mil hombres"; "setecientas mil familias". Antiguamente, ocho familias costituían una comunidad de vecinos. Cuando un miembro, válido, de una de estas familias, se enrolaba en el ejército, las siete restantes debían trabajar para sostener a la familia del ausente.

Pues, efectivamente, lo que permite a un príncipe inteligente y a un general hábil someter al enemigo y conseguir resultados extraordinarios es la capacidad de previsión.

Pero la "capacidad de previsión" no es un don divino, ni se consigue interrogando a espíritus y fantasmas, ni con razonamientos o conjeturas. Se obtiene empleando a hombres que nos informan sobre la situación del enemigo.

De ahí que haya cinco tipos de agentes secretos: el agente local, el agente infiltrado, el agente doble, el agente sacrificado y el agente sobrevivido.

Cuando estos cinco tipos de agentes trabajan coordinadamente, sin que nadie conozca sus métodos, constituyen la "red divina" y forman el tesoro del soberano.

Los agentes locales se reclutan en territorio enemigo.

Los agentes infiltrados se reclutan entre los funcionarios del enemigo.

Los agentes dobles son espías enemigos reclutados por nosotros.

Los agentes sacrificados son espías nuestros que difunden informaciones falsas[2] entre los espías enemigos.

---

[2] Espías a los que se les ofrece, conscientemente, informaciones falsas, y luego se les envía en misión para que caigan en manos del enemigo. Cuando estos espías revelen lo que saben, darán al enemigo, sin saberlo, informaciones falsas, que ellos tendrán por verdaderas.

Los agentes sobrevividos son los que consiguen volver para atrás[3] con información del enemigo.

Entre aquellos que en el ejército tienen misiones próximas al comandante, nadie está más cercano que el agente secreto. Entre todas las recompensas, las más generosas son las destinadas al agente secreto. No hay nada más reservado que lo concerniente a las operaciones secretas.

¡Arte difícil! ¡Muy difícil! No hay circunstancia en la que no se utilice el espionaje.

Si los planes sobre operaciones secretas se divulgan, el agente que se ha ido de la lengua se ha condenado a muerte, junto con todos aquellos a los que se los ha contado.

Si hay un ejército al que quieres vencer, ciudades que quieres atacar, enemigos que deseas asesinar, antes tienes que conocer la identidad de los comandantes, de los oficiales del Estado Mayor, de los aliados que vigilan sus puertas. Es tarea de tus agentes secretos ofrecerte información detallada de cada uno de estos extremos.

Tienes que identificar a los agentes enemigos que han venido a espiarnos, e intentar comprarlos para que pa-

---

[3] Son personas cercanas para el enemigo, en los estadios más altos del Estado Mayor. Nada más conocer algo que resulta vital, corren para contar lo que han descubierto con riesgo de su vida, si son descubiertos por sus propios compañeros.

sen a tu servicio. Dales las instrucciones oportunas y controla con mucho cuidado su comportamiento. Así se reclutan para más tarde utilizar los agentes dobles.

Sólo mediante los agentes dobles, por sus informaciones y por sus sugerencias, se recluta y se utiliza a los agentes locales y a los agentes infiltrados.

Sólo mediante el agente doble se envía al enemigo el agente sacrificado, con informaciones falsas, para que el enemigo las conozca.

Y también mediante el agente doble se pueden utilizar, en el momento oportuno, los agentes sobrevividos.

El comandante debe tener conocimiento exhaustivo de las actividades de estos cinco tipos de agentes, conocimiento que le viene suministrado por los agentes dobles. Por este motivo les debe tratar con mucha generosidad.

En la antigüedad, el auge de los Yin se debió a que contaron con la presencia de Yi Yin en la corte de los Xia; el de los Zhou, a que contaron con la presencia de Liu Ya en la de los Shang[4].

---

[4] Yi Yin era un ministro del tirano Qie, último soberano de la dinastía Xia, que traicionó a este último colaborando con las tropas de Tang, primer soberano de la dinastía Shang. Liu Ya, también ministro del último soberano de la dinastía Shang, participó en el derrocamiento de este último y en el establecimiento de la nueva dinastía Zhou.

Por lo tanto, sólo un soberano inteligente y un general hábil, capaces de utilizar para las operaciones secretas a los hombres más inteligentes, pueden estar seguros de la victoria. En la guerra, las operaciones secretas son esenciales: para iniciar un movimiento hay que conocer esas operaciones secretas.

ÍNDICE

ÍNDICE

TÍTULOS DE LA COLECCIÓN

33   Charles Baudelaire, LAS FLORES DEL MAL
34   Khalil Gibran, ALAS ROTAS
35   J.-B. Poquelin Molière, EL AVARO
36   Friedrich Nietzsche, ASÍ HABLÓ ZARATUSTRA
37   Jean Jacques Rousseau, EL CONTRATO SOCIAL
38   Marqués de Sade, FILOSOFÍA EN EL TOCADOR
39   William Shakespeare, ROMEO Y JULIETA
40   Publio Virgilio Marón, ENEIDA
41   Francisco de Quevedo, HISTORIA DE LA VIDA DEL BUSCÓN
42   Luigi Pirandello, SEIS PERSONAJES EN BUSCA DE AUTOR
43   Marcel Proust, UN AMOR DE SWANN
44   Lao-Tzu, TAO TÊ CHING
45   Tirso de Molina, EL BURLADOR DE SEVILLA
46   René Descartes, DISCURSO DEL MÉTODO
47   José Martí, LA EDAD DE ORO
48   Horacio Quiroga, CUENTOS DE AMOR DE LOCURA Y DE MUERTE
49   Miguel de Cervantes, NOVELAS EJEMPLARES, I
50   Miguel de Cervantes, NOVELAS EJEMPLARES, II
51   Ricardo Güiraldes, DON SEGUNDO SOMBRA
52   William Shakespeare, SUEÑO DE UNA NOCHE DE VERANO
53   Robert Louis Stevenson, EL EXTRAÑO CASO DEL DR. JEKYLL
                         Y DEL SR. HYDE
54   Jorge Isaacs, MARÍA
55   James Joyce, DUBLINESES
56   Friedrich Nietzsche, EL ANTICRISTO
57   Jack London, LEY DE VIDA Y OTROS CUENTOS
58   Edgar Allan Poe, NARRACIONES EXTRAORDINARIAS
59   Joseph Conrad, CORAZÓN DE TINIEBLAS
60   Gilbert Keith Chesterton, EL HOMBRE QUE FUE JUEVES
61   Nikolai V. Gogol, NOVELAS DE SAN PETERSBURGO
62   Mariano Azuela, LOS DE ABAJO
63   Pedro Antonio de Alarcón, EL SOMBRERO DE TRES PICOS
64   F. Scott Fitzgerald, EL GRAN GATSBY
65   Benito Pérez Galdós, MARIANELA
66   Franz Kafka, EL PROCESO
67   William Shakespeare, EL MERCADER DE VENECIA
68   Mary W. Shelley, FRANKENSTEIN
69   César Vallejo, POEMAS HUMANOS
70   Friedrich Nietzsche, GENEALOGÍA DE LA MORAL
71   William Shakespeare, OTELO
72   Emily Brontë, CUMBRES BORRASCOSAS